Peter Rosien
Die Gottesfälscher

Wie die Kirchen Gott verschleiern

Mit einem Plädoyer
für eine religionsübergreifende Mystik

Impressum

Peter Rosien
Die Gottesfälscher
Wie die Kirchen Gott verschleiern
Mit einem Plädoyer für eine religionsübergreifende Mystik

Layout: Andreas Klinkert
Satz: Sabine Felbinger
Titelfoto: photocase/steko7
Druck und Bindung: Westermann Druck Zwickau GmbH
Auflage: 1/2013

Publik-Forum Verlagsgesellschaft mbH
Postfach 2010, 61410 Oberursel
www.publik-forum.de
ISBN 978-3-88095-251-5

Peter Rosien

Die Gottesfälscher

Wie die Kirchen Gott verschleiern

Mit einem Plädoyer
für eine religionsübergreifende Mystik

FOTO: CLAUS BLEEKE

Peter Rosien wurde 1942 in Bremen unter dem Familiennamen Uebachs geboren. Mit 12 Jahren wurde er als Vollwaise und aus ärmlichen Verhältnissen heraus von einer Hamburger Ärztin adoptiert und hieß alsbald Rosien. Das frühere Straßenkind machte 1964 das Abitur am evangelischen Gymnasium des Hamburger Internats »Rauhes Haus«. Dort war Rosien so »mit Bibelsprüchen vollgestopft« worden, dass ihm, wie er sagt, keine andere Wahl blieb, als Theologie zu studieren. Das tat er dann zwölf Semester lang in Marburg und Mainz, wo er 1971 das erste Examen ablegte.

Nach dem für ihn sachlich unbefriedigenden Theologiestudium schlug Rosien den Beruf des Pastors aus und begann ein Volontariat bei der Tageszeitung Frankenpost im oberfränkischen Hof. Zuvor hatte er geheiratet, eine Engländerin, die er bei einem Sprachkurs in der Grafschaft Kent kennengelernt hatte. Aus der geplanten dreijährigen Lehrzeit in Hof wurden 25 Jahre, in denen Rosien in vielerlei Positionen beschäftigt war.

Nach einer »seelischen Begegnung« mit den Predigten des mittelalterlichen Dominikaner-Mystikers Meister Eckhart flammte bei dem bis dahin völlig säkular lebenden Zeitungsredakteur das Interesse an Theologie und Religion erneut auf und brannte bald lichterloh, wie er später erzählte. Er entwickelte sich im stillen Kämmerlein sozusagen zu einer Leseratte auf diesem Gebieten. Das half ihm, als er sich 1998 um den Posten des theologischen Chefredakteurs bei der Abonnement-Zeitschrift »Publik-Forum« bewarb. Rosien arbeitete dort in der Redaktion in Oberursel bis zu seinem Ausscheiden in den Ruhestand 2007. Im hauseigenen Verlag hat er 2007 auch sein erstes Buch veröffentlicht: »Mein Gott mein Glück – Ansichten eines frommen Ketzers«, das sich zu einem Bestseller entwickelt hat.

Die beiden Kinder der Rosiens leben heute in Übersee, Jessica in Melbourne, Australien, und Daniel in Kuala-Lumpur, Malaysia. Dort hat Rosien sie mehrmals besucht, wobei er auch ganz Südostasien bereiste. Mit seinem Sohn zusammen hat er überdies 1999 eine Rucksack-Tour durch Mexiko und die USA gemacht.

Seit 2008 ist Rosien im Ruhestand und lebt mit seiner Frau in Bremen.

To Dave, the sceptic

Inhalt

Wer das hier lesen sollte?

Eine Art Vorrede – leicht polemisch

»Aber du schreibst das Buch doch in erster Linie für dich selbst.« Oft habe ich in den letzten Monaten diesen Satz gehört. Ich denke, er stimmt nicht. Sicher: Es mag ein fromm-sarkastisches Buch sein, und es ist zum Teil sehr persönlich gehalten, weil es in weiten Teilen als Dialog mit »meinem Gott« angelegt ist. Doch ist für mich dabei stets der Gott in und hinter dem Gott der Christenheit gemeint, der »Gott hinter Gott«, von dem schon der biblische Hiob sprach und den auch Jesus von Nazareth kannte. Es ist der eine und einzige Gott, der in und hinter den Göttern und Göttinnen aller heute noch lebendigen Religionen sichtbar werden kann, heißen sie nun »Gott«, Adonai, Allah, Vishnu, Shiva, Buddha oder, wie die chinesische Himmelsgöttin, Madzu. Es ist die »Gottheit« der sogenannten Mystik.

Für viele Mystiker steht dieses Wort symbolisch für das unpersönliche heilige Ganze des Seins im Hier und Jetzt. Ich aber nenne die Gottheit »meinen guten Gott«, weil ich sie mit vielen anderen Mystikern eher als ansprechbares Göttliches erfahre. Ebenso gilt, dass dieses Gegenüber »nur gut« ist und nicht doppeldeutig, also barmherzig und zornig zugleich, wie der Gott der traditionellen Christenheit, den ich unter diesem Aspekt den »gefälschten Gott« nenne. In unserer Kultur ist diese »gute Gottheit« aber nur durch die Gestalt des Christen-Gottes hindurch zu ahnen. Deswegen führe ich in den folgenden Kapiteln einen nicht immer trennscharfen Dialog mit »unserem biblischen Gott« und dem wirklichen Gott in und hinter ihm, dem einzig guten Gott. Dabei soll auch dies deutlich werden: Einzig Mystik – und zwar in ihrer religionsübergreifenden Form – kann uns heute in unserem gottlos gewordenen Europa wieder religiös erfreuen und befreien.

Auf diese Weise will ich zum einen versuchen, solche Zeitgenossen spirituell neugierig zu machen, die von dem Christen-Gott ohnehin nichts mehr wissen. Deren Interesse will ich wecken für die Frage, ob ihnen lebendige Spiritualität mehr an Zufriedenheit und Geborgenheit schenken könnte, als sie für sich im Alltag bereits gefunden haben mögen. Zum anderen will ich kritische Kirchenmitglieder und auch kirchliche Mitarbeiter ansprechen. Sie möchte ich dafür sensibilisieren, dass die traditionelle Lehre der Kirche die Ursache ist für die innere Leere des heutigen Christentums in Europa, dass »der Gott hinter Gott« nicht mehr wahrgenommen werden kann.

Dabei versuche ich weitgehend aus dem Kopf zu schreiben, fast ohne Zettelkasten-Notizen und Belege. So wie ich die Dinge heute, in meinem 70. Lebensjahr, für mich verarbeitet habe, meine Erfahrung, meine Gedanken. Eine persönlich eingefärbte *spirituell-theologische Essenz für Leser, die wenig Zeit haben …*

Denn auch diese gehören vermutlich der übergroßen Mehrheit der Deutschen an, die vom christlichen Glauben wie von gelebter Spiritualität schon lange keine Ahnung mehr haben. Von den Kirchen hat man die Nase voll (selbst wenn man ihnen noch angehört). Und in der Regel interessiert einen das Ganze auch kaum noch. Man hält nicht irgendwelche Lehren der Kirche für überholt, man kennt sie gar nicht mehr.

Diese Situation haben die Kirchen ganz entschieden selbst zu verantworten. Ausgenommen die großen Sozialwerke Diakonie und Caritas, die ja weitgehend selbstständig arbeiten, aus öffentlichen Geldern finanziert werden und von den Kirchensteuern gerade mal zwei bis vier Prozent zugewiesen bekommen. Nein, es ist die Viertelmillion katholischer und evangelischer Berufschristen in diesem Land – unter ihnen noch insgesamt rund 45 000 aktive Priester, Pastoren und Pfarrerinnen, weibliche oder männliche Diakone und Pastoralreferenten –, die diesen Schlamassel zu verantworten haben. Sie sind in der Mehrzahl offensichtlich seit Langem nicht mehr in der Lage, den Zeitgenossen das zu vermitteln, was sie »das Evangelium« nennen. Sie reden viel, schreiben viel, wollen aber nicht wahrhaben, dass ihnen die Menschen längst nicht mehr zuhören.

Weil sie nach meinem Verständnis ein ziemlich falsches Gottesbild verkündigen, nenne ich sie »Gottesfälscher«. Das wird später ausführlich begründet. Hier nur ganz kurz: Gemeint sind jene Kirchenverantwortlichen, jene Theologen, jene kirchlichen Gruppen und Akteure, die das doppeldeutige, das ambivalente Gottesbild vieler biblischer Passagen in den Mittelpunkt ihrer Verkündigung stellen. Beim geschichtlichen Jesus und bei vielen anderen religiösen Virtuosen in Gegenwart und Vergangenheit, zumal bei Mystikern aller Religionen, kann man erkennen: Gott, das Allumfassende, Alldurchdringende, ist nur *gut,* nur *plus,* ein *»Ja ohne Nein«,* wie es Eugen Drewermann mal formulierte. Das ist das unserem Denken unzugängliche Paradox vor dem Hintergrund des Elends dieser physischen Welt. Keine »Theologie des Kreuzes«, keine in diese verwickelte göttliche Dreifaltigkeit wird dem guten Gott gerecht. Und moderne Zeitgenossen können mit einem ambivalenten Gott heute überhaupt nicht mehr umgehen. Sie haben ihm längst Adieu gesagt.

Aber natürlich gibt es auch Theologen, die sich um ein neues Verständnis des Christentums, des Glaubens und des Gottesbildes verdient gemacht haben. Jörg Zink auf der evangelischen Seite zum Beispiel oder Eugen Drewermann und Hubertus Halbfas im katholischen Bereich. Ich könnte noch zwei Dutzend weitere Namen nennen. Alles Autoren, deren Bücher ich seit Jahrzehnten lese und verfolge, faktisch vier Mal mehr katholische Autoren als jene der protestantischen Konfession, in die ich hinein sozialisiert wurde. Sie alle sind gewiss keine Gottesfälscher. Sie können mystische, urchristliche und jesuanische, spirituelle, ethische, ökologische und therapeutische Dimensionen des christlichen Glauben zusammen denken; sie verbinden ein fundiertes historisches Wissen über die Bibel mit fundierten theologischen Kenntnissen und einem feinem Gespür für heutige

Glaubens- und Lebensumstände, in die hinein sie das Christentum transformieren. Und natürlich gibt es auch Ausnahmen in der Praxis: Hier und da gelingt es, Trost zu spenden, Seelsorge zu treiben, verständlich zu reden, auf der Kanzel, bei Beerdigungen, Hochzeiten oder Taufen.

Das Tragische in all dieser Fortschrittlichkeit ist nur: Man hat öffentlich, und das seit langen Jahrzehnten, keinen Erfolg. Insgesamt arbeiten heute, zu Beginn des dritten Jahrtausends christlicher Zeitrechnung, keine Institution und kein Berufsstand in Deutschland so ineffizient wie diese Kirchen und ihre Geistlichen. Sie bringen ihre Botschaft nicht rüber. Aber dafür sind sie doch angetreten! Und wenn die Botschaft heute »ein Angebot ohne Nachfrage« ist, wie das kürzlich ein Bischof einräumte, dann muss man das Angebot ändern, bis es wieder nachgefragt wird.

Stattdessen erklären Theologie und Kirche die traditionelle Fassung der Botschaft für unantastbar. Ergebnis: Diese Kirche dreht sich nur noch um sich selbst. Ein geschlossenes System mit knapp fünf Millionen »Traditionschristen«, wie Soziologen sagen – zehn Prozent aus beiden Konfessionen zusammen. Außer Zeremonien hat diese Kirche den übrigen neunzig Prozent der Mitglieder wenig bis nichts mehr zu bieten. In der Wirtschaft wäre das Unternehmen längst dichtgemacht worden und die Pfarrer müssten sich neue Beschäftigungen suchen. Dabei bleibt der berufliche Nachwuchs ohnehin aus, in beiden Großkirchen. Niemand will noch dieses Orchideenfach Theologie studieren, um in der Kirche zu arbeiten. Für junge Leute sind die Kirchen keine attraktiven Arbeitgeber mehr. Selbst viele fertig ausgebildete Theologinnen und Theologen ziehen die Wirtschaft dem Klerikal-Klüngel vor. Sie arbeiten in Personalabteilungen, in der Medienindustrie, in Werbeagenturen oder in der Politik. Und in den Kirchen muss man jetzt auch noch reihenweise verwaiste Kirchengebäude verkaufen.

In dieser Vorrede möchte ich kurz die Gründe für diesen Schlamassel benennen. Das soll hier aber nur angerissen werden, um es in den einzelnen Kapiteln des Buches im Dialog mit dem Christen-Gott ausführlich darzustellen.

Zunächst geht es um die traditionelle Glaubenslehre. Sie läuft heute sichtlich ins Leere. Dabei heißt sie »Frohe Botschaft«, Evangelium. Sie besagt: Der Gottessohn Jesus Christus ist für unsere Schuld und Sünde, für unseren inneren Widerspruch zu Gott, am Hinrichtungskreuz der Römer gestorben. Er hat sich freiwillig in diesen Tod hingegeben. Und Gott hat dieses Opfer angenommen, indem er Christus von den Toten auferweckt hat. So hat Gott uns sündige Menschen mit sich versöhnt. Seit dieser Selbstopferung Christi sind wir erlöst und können entsprechend leben. Frei und losgesprochen. Das ist die Frohe Botschaft. – Tja, und das ist das »Angebot ohne Nachfrage«. Wer kann denn auch diesen Erlösungsmythos aus der Antike heute noch nachvollziehen? Wer soll denn so zu Gott finden?

Die verantwortlichen Glaubenswächter aber, wie die frühere Bischöfin Margot Käßmann zum Beispiel, beschwören diesen Glauben. Er habe unseren Vätern und Müttern über Jahrhunderte Halt und Sinn gegeben. Jedes ältere Gotteshaus in unserem Land atme den Geist dieses Glaubens, der in Tausenden Gottesdiensten dort gefeiert wurde. Man dürfe diesen Glauben nicht mit irgendwelchen kurzlebigen Zeitgeist-Erscheinungen vermischen. Die alten Texte könnten uns verwurzeln und Geborgenheit schenken. Man könne durchaus heute Zuflucht finden in dem Glauben, der Menschen seit Jahrtausenden beheimatet, in Worten und Ritualen, in Gebäuden und Liturgien, die älter sind als wir. – Das ist die Stimme des Konservatismus. Zu Recht hält Jürgen Fliege Frau Käßmann vor, »an dem ganzen neurotischen Programm der evangelischen Kirche festzuhalten«. An der Blut-, Sühne- und Schuld-Theologie lasse sie nicht rütteln.

Ins gleiche Horn wie Käßmann stoßen »bibeltreue« Publizisten wie Peter Hahne oder der Verehrer des Papsttums, Mathias Matussek, von den vielen, Jahrgang für Jahrgang konservativer werdenden heutigen Kirchenführern, Theologie-Professoren und ihren Studierenden ganz zu schweigen.

Dabei fehlt ihnen allen im Grunde nur der Mut, dieses »Angebot ohne Nachfrage« den Röntgenstrahlen der Aufklärung auszusetzen. Wie soll man durch die vielen Unvereinbarkeiten mit Erkenntnissen aus Bibelforschung, Naturwissenschaft, Geschichte und Psychologie zu einer neuen Glaubwürdigkeit durchdringen? Das ist die Forderung der Stunde. »Entweder wir finden einen anderen Zugang zu Gott oder wir finden überhaupt keinen mehr« (Eugen Drewermann).

In den theologischen Eliten beider Großkirchen gelingt das nur selten. Und für die Masse der säkular gewordenen Zeitgenossen kommt das alles viel zu spät. Die Pseudo-Gottheiten der Moderne haben diese Menschen längst im Griff: Profit, Karriere, Konsum, Fußball, Social Media, Smartphone. Wen interessiert da noch, dass wenige Theologen zu einer neuen und zeitgemäßen Glaubensweise durchgedrungen sind. Die meisten (Kirchenmitglieder) kennen noch nicht einmal die alte Glaubensweise. Und in ihren Kirchen werden die Neuerer ohnehin sofort fast ausnahmslos zu Außenseitern gestempelt. Zu den zehn Prozent Traditionschristen unter den Kirchenmitgliedern dringen die Ergebnisse ihres Forschens und Nachdenkens auch nur selten durch. Dafür ist auf subtile Weise gesorgt. Der »heilige Rest« soll in seinem Glauben nicht erschüttert werden.

Lehre und Liturgie bleiben deswegen ebenso in der Vormoderne zurück wie die hierarchischen Strukturen in den Kirchen selbst. Man kann eben heute den Leuten nicht mehr eine Glaubenslehre zum Für-wahr-Halten anbieten, zu der sie von ihrem Wissen und ihrer Welterfahrung her keinen Zugang finden. Theologie ist Glaubenslehre, zumeist auch noch mit einem gefälschten Gottesbild im Zentrum. Mystik ist eine Spiritualität der Erfahrung des einzig guten Gottes.

Auch die Rückführung des Glaubens auf den sogenannten historischen Jesus scheint mir nach langem Nachdenken nicht wirklich zukunftsfähig zu sein, so gut es heute aufgrund der historisch-kritischen Erforschung der Evangelien in Umrissen möglich ist, zu klären, was Jesus gesagt und getan hat. Und so faszinierend die Ergebnisse sind, von Bultmann bis Lüdemann, von Drewermann und Halbfas bis Koch, wir müssen uns klarmachen: Jesus vertritt im Neuen Testament sozusagen eine Minderheitsposition, religiös reines Gold, aber durch die Autoren kryptisch versteckt in den Evangelien.

Fast neunzig Prozent der übrigen Texte interpretieren diesen Jesus weithin gegen dessen eigene Intention. Die rund zwanzig Autoren des Neuen Testaments verschmelzen das Gold mit gifthaltigen Substanzen (Gottesfurcht) und minderwertigen Metallen (Hoheitstitel, Kreuzestheologie und anderes mehr). Keiner dieser Autoren hatte Jesus noch persönlich gekannt (die Petrusbriefe sind nicht von Petrus, wie ich später zeigen werde). Das biblische Durcheinander, das sie so anrichten, oft auch noch im literarischen Streit miteinander, das kann man theologischen Laien auf Dauer nicht immer neu auseinanderpusseln. Jesus sprach von Gott, dem guten Gott. Die über ihn schrieben, sprechen von ihrem Heiland, dem Gottessohn Christus.

Entsprechend nennen wir uns traditionell Christen, verehren in unseren Kirchen die Leiche eines jungen Mannes, die noch an ihr Hinrichtungsgerät fixiert ist. Dieses Instrument, das Kreuz, ist unser zentrales Symbol, das Henkerkreuz der Römer, an dem der Gottessohn Christus »für unsere Sünden« zu Tode gemartert wurde. Und über allem thronen Gott Vater, Sohn und Heiliger Geist. Von all dem hatte Jesus keine Ahnung gehabt. Das war nicht seine Botschaft. Gefragt, ob er die zweite Person der Heiligen Dreifaltigkeit sei, hätte Jesus vermutlich gedacht, er sei im falschen Film. Wie will man diese 2000 Jahre alte dogmatische Geröllhalde mit einigen Dutzend authentischen Jesus-Worten abtragen?

Positiv kann es heute eigentlich nur noch darum gehen, spirituelle Erfahrung zu ermöglichen. Menschen dürfen und können Gott erfahren, den wirklichen Gott hinter dem Gottesbild der traditionellen Christenheit. »Wenn es keine Erfahrung Gottes für uns geben soll, ist es sinnlos, von Gott zu reden«, sagt der renommierte Theologe Jörg Zink. Die Kirchen halten das für unzulässig, subjektivistisch. Der wahre Glaube sei die Durchdringung der objektiven Lehre mit der eigenen Lebenserfahrung. Das aber funktioniert offensichtlich nicht mehr. Wie sollte das heute bei so vielen Ungereimtheiten überhaupt gehen? Abgesehen davon, dass natürlich auch die Gotteserfahrungen in der Bibel rein subjektive Ereignisse waren: Mose am Dornbusch oder was Paulus vor Damaskus erlebt hat (siehe Seite 167).

Erfahrung Gottes kann man nun aber selbst nicht herbeiführen. Sie ist uns Menschen offensichtlich nicht verfügbar. Wer die Erfahrung machen durfte, weiß, dass sie ein Geschenk ist. Aber man kann den Ort des möglichen Beschenktwerdens theologisch und praktisch einkreisen. Symbolisch nennen wir ihn das Herz oder die Seele. Hier ist das Zentrum des tiefen Geheimnisses, das uns im Alltag stets umgibt, ohne fassbar zu sein. Das Rätsel unseres Daseins. Nur hier können wir Gott suchen und – als Geschenk – wahrnehmen. Der islamische Mystiker Rumi (1250, Konya) sagte einmal: »Ich habe die ganze Welt auf der Suche nach Gott durchwandert und ihn nirgends gefunden. Als ich wieder nach Hause kam, sah ich ihn an der Tür meines Herzens stehen. Und er sprach zu mir: Hier warte ich auf dich seit Ewigkeiten!« Ja, der Gott, den wir suchen, »der muss wohl auch genau da wohnen, wohin alle Menschen umstandslos und ohne Aufwand reisen können. Es muss eine Begegnung der anderen Art sein, weit, weit weg und ganz, ganz nah« (Jürgen Fliege).

Die Sehnsucht, dass dieser Gott im eigenen Leben erfahrbar und spürbar wird, liegt bei vielen Zeitgenossen immer noch dicht unter der Bewusstseinsoberfläche. Es ist vor allem die sogenannte Mystik, die diese Sehnsucht wecken und erfüllen kann. Mystik ist eine spirituelle Erfahrungsweise, die es in allen Religionen gab und gibt. Das hat Anfang des vorigen Jahrhunderts besonders nachhaltig der Marburger Theologie-Professor Rudolf Otto herausgearbeitet in seinem Buch »West-östliche Mystik«. Im Abendland heißen die klassischen Vertreter der Mystik: Augustinus, Meister Eckhart, Hildegard von Bingen, Jakob Böhme. Man könnte Hunderte weiterer Namen nennen.

Kirchlich aber hat Mystik einen schlechten Ruf. Jahrhundertelang ist sie verschwiegen und diskreditiert worden. So kommt es, dass heute viele Zeitgenossen mit dem Wort Mystik nur vage Vorstellungen von Okkultismus verbinden. Sie wissen schlicht nicht, was Mystik ist. Und immer noch ist man in den Kirchen überzeugt: Mystik ist nichts für die Masse der Gläubigen! Die kriegen einen Gott »zum Dran-Glauben« und »zum Fürchten« angeboten. »Erfahrungslos von erfahrungsfremdem Glauben sprechen«, nennt Eugen Drewermann die traditionelle Rede der Kirche. Er selbst entfaltet in seinem bewundernswerten Werk einen christlichen Existenzialismus, gespeist aus der tiefenpsychologischen Durchdringung der Bibel. Das setzt beim Lesen oder Zuhören Erfahrungen frei. Unter diesen stärkt Drewermann jene des furchtlosen Angenommen-Seins in dem »Urgrund des Seins«, wie er Gott oft nennt. Zur Mystik hält der große Theologe aus Paderborn allerdings Abstand.

Der Unterschied zwischen Existenzialismus und Mystik ist nicht einfach zu erläutern. In den Romanen und Essays von Albert Camus kommt beides ineinander vor. Mystik ist weder gedachtes noch abgeleitetes Glaubenswissen. In der Regel verdankt sich mystische Spiritualität der unmittelbaren Erfahrung Gottes im Hier und Jetzt. Dies kann sich in einem überwältigenden Moment von Ekstase Bahn brechen, bis hin zu der Erfahrung des Einswerdens mit Gott. Diese seltene Erfahrung wird allerdings allzu schnell mit dem Phänomen Mystik schlechthin gleichgesetzt. Mystik umfasst mehr und anderes. Sie kann auch spirituelle Transzendenzerfahrung ohne persönlichen Gott sein. Auch das ist Mystik, Einheitsschau genannt. Und: Sie kann sich ebenso gut auch in ganz ruhigen Bahnen entwickeln. Eines Tages ist es da: das stete Gewärtigwerden Gottes in mir und um mich her. Innenschau.

Beide Arten Mystik gehen oft ineinander über, wie ich später an Meister Eckhart aufzuzeigen versuche. Gott ist dann sowohl der unpersönliche Urgrund des Seins als auch ansprechbares Gegenüber. So wird »das Heilige« paradox erfahren, aber stets »hier und jetzt«. Solche Mystik ist in allen Religionen zu finden. Sie ist gewissermaßen die zarte Grundmelodie im wilden Getöse religiöser Manifestationen.

Wie es ja eben auch nur den *einen* und *einzigen* Gott hinter und in den oft so fremden Götterbildern und Riten der anderen Religionen geben kann. »Religionen sind immer Provinzveranstaltungen mit universalem Anspruch« (Jürgen Fliege).

Wichtig bleibt die Einsicht in die Notwendigkeit, die traditionelle Glaubenslehre in Mystik sozusagen einzuschmelzen. Ich denke, für mich habe ich diese Transformation längst vollzogen. Es war eine harte existenzielle Auseinandersetzung mit dem, was ich im Theologiestudium zu lernen hatte. Damit bin ich, Gott sei Dank, seit Langem durch. Dennoch möchte ich hier in wenigen Sätzen darstellen, was mich religiös trägt. Es mag die Perspektive verdeutlichen, aus der ich schreibe. Und es hat mich nach einigem Zögern ermutigt, das Buch als direkten Dialog mit dem biblischen Gott anzulegen.

Ich erfahre mich als beschenkt durch ein paradoxes Vertrauen in Gott. Ich erfahre »Gott« als mich in bedingungsloser und fragloser Bejahung umgebend und durchdringend. Der *eine* und *einzige* Gott der Welt und aller Menschen, er ist mein »Ein und Alles«. Unmittelbar gegenwärtig. Niemals bedrohlich. Jetzt. Jenseits im Diesseits. Ich bin fraglos geliebt und geborgen. Außer durch sein beständiges Nahesein greift er in mein Leben nicht ein. Aber ich kann ihn ansprechen, wann, wo und wie immer mir danach zumute ist. Dabei schenkt er immer neu »Resonanz«. So erfahre ich das. Auch wenn es bisweilen monatelange Zeiten gibt, in denen ich mich wie durch eine leichte Rigips-Wand von diesem Gott getrennt fühle. Stets bin ich sicher: Er kommt wieder. Ich bin darin noch nie enttäuscht worden. Das alles geschieht, ohne dass ich die geringste Erklärung dafür hätte.

Paradox ist dieses Vertrauen, weil die Wirklichkeit, in der wir Menschen leben, eine vordergründig andere ist: voller Qualen, Zerstörungen und Absurditäten. Alles dreht sich letztlich um Fressen und Gefressenwerden. Jämmerlich, elendig, für alle Geschöpfe mit unerbetenem Beginn und Ende. Für uns Menschen ein steter Lebenskampf voller Ungerechtigkeiten, Schuldigwerden und Krepieren. Und das mit einem anscheinend untätigen Gott, der sich nicht einmal eindeutig erklären kann und uns alle im Ungewissen lässt, was eigentlich Sache ist in dieser Welt.

Mit diesem Paradox kann ich leben, religiös befriedet, ja selig. Und ich halte es auch für mitteilbar, sprachlich selbst mit Nichtgläubigen teilbar, als Einkreisung möglicher, gleichwohl unverfügbarer Erfahrung. Dieses Paradox habe ich nach harter Auseinandersetzung mit der Bibel, mit der christlichen Tradition und vielen Theologen erfahren dürfen. Es ist mir also nicht ohne Kirche zuteil geworden. Und so muss es wohl auch in der Kirche gültig sein können. Überdies: In jener paradoxen Gotteserfahrung erkenne ich mich bei manch früheren und heutigen Theologen wieder – Namen, die wohl oft nur Fachleuten ein Begriff sind, die aber verdeutlichen mögen, dass ich hier nicht als einsamer »Idios« schreibe: Rudolf Otto, Dorothee Sölle, Jörg Zink, Eugen Drewermann, Adolf Holl, Hubertus Halbfas und Jürgen Fliege unter anderem. Ebenso die Mystiker des christlichen Mittelalters: Mechthild von Magdeburg und Meister Eckhart vorneweg. Hinzu kommt die »heimliche Weisheit« des Protestantismus, die der Schweizer Theologe Walter Nigg bei der Untersuchung Dutzender Biografien aus den Jahrhunderten nach der Reformation ans Licht geholt hat.

Anrede: Du ferner Gott allüberall

Neu-Heiden und ihre Zeremonienmeister

Es fällt ganz allein auf dich zurück, guter Gott, dass so wenig Zeitgenossen überhaupt von dir wissen. Dass sie deine Nähe nicht kennen, dass du ihnen völlig fremd geworden bist. Dass sie dich noch nicht einmal mehr anklagen wegen all des Schlimmen, das du im Leben offensichtlich zulässt. Nein, die Leute denken einfach, es gibt dich vermutlich gar nicht. Auf jeden Fall gehst du sie nichts an. Und so kommst du in ihrem Leben nicht vor, niemand vermisst dich, und keiner hat ein schlechtes Gewissen dabei.

Ein Pfarrer in Bayern hat das kürzlich mal drastisch auf den Punkt gebracht: »Gibt's oan Gott, is' recht, gibt's koan, is' wurscht, ändern kemma's eh ned.« Ja, so denkt die breite Mehrheit der Menschen hier in Deutschland von dir, Gott. Und die Kirchen wollen's schlicht nicht wahrhaben. Völlig abgehoben beharren sie darauf, dass noch immer die meisten Deutschen religiöse Menschen sind und zumeist auch gute Christen, dass es nur eine Wahrheit gibt und dass nur sie diese Wahrheit kennen. So haben sie dir diese Suppe ja mit eingebrockt. Das Ergebnis: »Deutschland ist ein heidnisches Land mit christlichen Restbeständen«, wie das vor Jahren schon einmal der »Spiegel« beschrieb.

Dass die meisten Neu-Heiden dabei noch immer Mitglieder einer der großen Kirchen sind, steht auf einem anderen Blatt. Zwar sind es noch rund sechzig Prozent der Deutschen, die einer »Volkskirche« angehören. Aber dieses Volk hat von seiner Kirche und ihrer Botschaft längst keine Ahnung mehr. Und gelebte Spiritualität trifft man auch kaum mehr an. Jedermann kann das schließlich an sich selbst wahrnehmen. Wer kann sich denn noch betend auf dich beziehen, auf dich, den in allem gegenwärtigen Gott, auf das jenseitig ganz Andere mitten im Diesseits? Vielen ist das ahnungsweise ausschließlich in Todesnot möglich, und dann auch nur in bettelnder Weise.

Und objektiv gefragt: Wer kann denn noch sagen, was das eigentlich ist, das »Evangelium«, die Kernbotschaft des traditionellen Glaubens? Man muss dieses Evangelium inhaltlich nicht teilen, aber man sollte es in unserer Kultur doch in wenigen Sätzen umschreiben können. Aber wer kennt denn überhaupt noch die Bibel, diese in ihren ältesten Teilen 3000 Jahre alte Gründungsurkunde des Judentums und des Christentums, das Buch des Abendlandes schlechthin? Ein Buch, dessen Übersetzung ins Deutsche unsere Alltagsprache mit Bildern und Metaphern durchdrungen hat wie kein zweites. Wer weiß denn, was wo in diesem Buch steht? Wer setzt sich mit dem Gottesbild dieses Buches auseinander?

Und wer weiß überdies dann vielleicht, wie die Kirche eigentlich organisiert ist, in der er Mitglied ist? Wer kennt den Namen wenigstens eines der rund hundert Bischöfe in Deutschland, seien sie katholisch oder evangelisch. Wer weiß, was ein Kirchenkreis, eine Diözese, ein Dekanat ist? Man darf vermuten, dass manche Kirchenmitglieder gerade noch den Namen ihres Ortspfarrers kennen.

Die meisten Leute brauchen Kirche nur, um an wichtigen Übergangspunkten des familiären Lebens gute Zeremonienmeister zur Verfügung zu haben. Da ist ziemlich egal, was die da an Zauberformeln sprechen. Ein wenig Hokuspokus muss sein. Dabei stammt dieses Wort ursprünglich aus der lateinischen Abendmahlsliturgie: »Hoc est corpus«, »Dies ist der Leib« Christi, sagt der Priester – und die Bauern machten sich einen Spaß draus: Ja, ja der Pfaffe da vorne mit seinem »Hokuspokus«. Kirchliche Zeremonien sind heute vom religiösen Analphabetismus der Empfänger begleitet. Noch nicht einmal mehr die Feste der Christenheit werden verstanden. Dass es auf der anderen Seite in diesem Land immer noch rund vierzig Prozent religiöse Zeitgenossen gibt, wie Soziologen sagen, steht wiederum auf einem anderen Blatt. Dort finden sich Esoteriker, Spirituelle, Traditionschristen und andere.

So weit, so gut, mein Gott. Jetzt möchte ich dich aber erst einmal fragen: Ist dir diese Situation eigentlich egal? Wenn es denn stimmt, dass du die Welt geschaffen hast mitsamt uns Menschen darin, willst du dann mit uns keinen Kontakt haben? Warum ist es so schwer, dich zu finden? Das möchte ich in diesem kleinen Buch mit dir klären. Auch wenn ich in naher Zukunft ohnehin aus dieser rätselhaften irdischen Existenz heraus ins Licht des Wissens treten darf.

Sicher ist: Immer wieder dürfen Menschen erfahren, dass du ihnen gegenwärtig bist, guter Gott. Sie erfahren es als das sie durchströmende wohlige Geheimnis deines Zugegenseins im alltäglichen Hier und Jetzt. Sie wissen: Du bist jetzt hier mit mir, in mir, um mich her. Diese Erfahrung macht einen so beschenkten Menschen unmittelbar frei, angstfrei, selig und geborgen. Und sie kann mehr oder weniger intensiv ein Leben lang anhalten. So etwas haben Menschen in vielfältiger Weise, zu allen Zeiten und in allen Religionen erfahren. Und immer war ihnen klar: Es ist nicht ihr Verdienst, es ist einzig und allein dein Geschenk, Gott. Und wer sich, in welcher Religion auch immer, hart gegen eine oft versteinerte Tradition zu dir durchkämpfen konnte, weiß am Ende genau: Es war das eigene Ringen, aber dein Sieg, Gott. Somit: Es fällt allein auf dich zurück. Es kommt einzig auf dich an, ob jemand das beseligende Ja-Wort vernimmt, das du allen Menschen in die Seele hauchst. Wer im Jetzt deiner Gegenwart leben darf, weiß, dass es so ist. Dessen bin ich gewiss.

Außerdem steht es ja auch in der Bibel, die in der Vorstellung naiver oder auch religiös-ideologischer Zeitgenossen noch immer das »Wort Gottes« ist. Danach hast du also gesagt: »Ich mache das Licht, und ich schaffe die Finsternis. Ich gebe Frieden, und ich verhänge das Unheil. Ich bin Gott, der hinter allem steht.« Nachzulesen beim Propheten Jesaja im 45. Kapitel. Ein arroganter Satz, lieber Gott. Und im Koran sagst du es ja noch deutlicher: »Allah tut, was er will. Wem Allah kein

Licht gibt, der hat kein Licht« (Sure 24, Vers 40). So reden Diktatoren! Ich glaube ja nicht, Gott, dass du so etwas sagen kannst. Das haben dir die jeweiligen Autoren in den Mund gelegt. Und doch ist nach meiner Erfahrung etwas daran. Und dieses Etwas, finde ich, ist – wie so manches an dir – widersprüchlich, ungerecht und willkürlich, zumindest rätselhaft.

Hilflose Gottesdiener

Viele deiner sogenannten Gottesdiener denken, du hättest deine Verantwortung in diesem Punkt auf sie übertragen: Sie sollten dafür sorgen, dass Menschen zu dir finden. Also treiben sie »Verkündigung«, wie das unter Theologen heißt, oder gleich richtige Mission. Aber am Ende können die Priester und Prediger sich abstrampeln, wie sie wollen. Welcher Religion, welcher Gottesvorstellung sie auch dienen mögen, ihr Erfolg ist fast nur äußerlicher Natur, so wichtig das zunächst einmal ist. Das war seit Anbeginn der Lauf der Dinge: Junge Menschen werden in die Religion ihrer Umgebung hinein sozialisiert, zumeist im Zusammenspiel von Elternhaus und Gottesdienern. Aber was ist, wenn selbst dieses Äußerliche nicht mehr klappt, wenn die Kette der Traditionsweitergabe an vielen Stellen gerissen ist, wenn deine Diener gar nichts mehr bewirken und nur noch in den Wind reden?

Wenn ich sehe, wie sich heute hier in Deutschland die »bibeltreuen« Evangelikalen in ihrem missionarischen Eifer regelrecht überschlagen, stets mit siegesgewissem Lächeln auf den Gesichtern. Und es kommt fast nichts dabei heraus! Sie bleiben erkennbar nur unter sich. Niemand vermag noch nachzuvollziehen, was sie da predigen. Andere Gottesdiener, Theologen oft, finden sich mit der Willkür ab, in der du, guter Gott, einzelne Menschen mit deiner Gegenwart beschenkst, andere nicht. Sie sagen, es habe dir nun einmal gefallen, so zu handeln, und fertig. Ich halte solche Willkür für unwürdig. Das kann nicht das letzte Wort sein. Weder deines noch unseres. Also nenne ich dein Verhalten in diesem Punkt erst einmal rätselhaft.

Was die Aufklärung damit zu tun hat

Ich weiß, mein Gott, rätselhaft hin oder her, zwei Umstände machen es dir heute besonders schwer, zu den Herzen der Zeitgenossen durchzudringen: Das ist zum einen die sogenannte Aufklärung, die Menschen in Europa seit über 200 Jahren erfahren. Und das sind zum anderen die Kirchen in ebendiesem Teil der Welt, die mit Aufklärung bis heute nicht umgehen können, deine sogenannten Gottesdiener.

Wenn du mich fragst: Sie haben seit über hundert Jahren auf der ganzen Linie versagt. Gibt dir das nicht zu denken, Gott? Vielleicht solltest du endlich mal selbst richtig in Erscheinung treten. Ich weiß nicht, warum du so stur und stumm bleibst. Auf Bittgebete reagierst du ja offensichtlich überhaupt nicht. Und in den Lauf der Dinge hier auf Erden greifst du schon gar nicht ein. Jedenfalls nicht so, wie wir Menschen uns das vorstellen und wohl wünschen mögen.

Auf jeden Fall waren es vor allem Philosophen, die das in Gang setzten, was das »Zeitalter der Aufklärung« genannt wurde. Beteiligt waren vor allem französische, englische und deutsche Gelehrte, Dichter und Denker. Der französische Schriftsteller François Voltaire und der schottische Philosoph David Hume haben jenen deutschen Gelehrten inspiriert, der im 18. Jahrhundert die Welt denkerisch durchdrang, obwohl er sie ein Leben lang fast nur aus seiner Heimatstadt Königsberg wahrgenommen hat. Immanuel Kant schrieb 1781 die »Kritik der reinen Vernunft«. In diesem Buch zeigt er auf, dass du, Gott, mit Vernunft und Verstand überhaupt nicht zu erkennen bist. Und zweitens, dass du es uns Menschen sehr schwer gemacht hast, jemals zu begreifen, was überhaupt »Sache« ist in dieser Welt.

Wir sehen die Welt nicht, wie sie um uns her wirklich ist, sagt Kant. Wir orientieren uns vielmehr an einer Landkarte, die uns angeboren ist. Sie spiegelt uns die Umgebung so vor, dass wir uns in ihr bewegen können, dass wir uns sogar als Menschen untereinander darüber verständigen können. Aber sie ist nicht die Landschaft selbst. Wirklichkeit »wirkt« in uns, ohne dass wir sagen könnten, was Wirklichkeit »an sich« ist. Heute weiß man überdies: Neben der physisch-mentalen Konstruktion gibt es auch die soziale Konstruktion von Realität. Dieses Phänomen hatte Mitte des 19. Jahrhunderts schon Karl Marx auf den Punkt gebracht: »Das gesellschaftliche Sein des Menschen bestimmt das Bewusstsein.« So wird deutlich, dass in verschieden organisierten und strukturierten Gesellschaften unterschiedliche Wirklichkeiten gelten.

Wirklichkeit und Wahrheit sind seither relative und relativierbare Erscheinungen. Da konnte Papst Benedikt XVI. mit seiner Relativismus-Klage dagegenhalten, sooft er wollte. Das Wissen um die Relativität aller Dinge hat sich gesellschaftlich weithin durchgesetzt. Die Quantenphysik des beginnenden 20. Jahrhunderts sollte das dann auch strikt naturwissenschaftlich bestätigen.

Kants Erkenntnistheorie, Darwins Entdeckung der Evolution des Lebens auf diesem Planeten Erde, Freuds Erforschung des Unbewussten im Gehirn und Plancks Quantentheorie: Das ist der große Vierklang der Aufklärung. Aus ihm ergibt sich auch das moderne Geschichtsverständnis. Ergebnis: Wir wissen immer mehr, und wir verstehen immer weniger. Alle sehen sich in eine Welt katapultiert, die niemand mehr versteht – übrigens, wie es scheint, auch ökonomisch nicht mehr. Kein Irdischer weiß überhaupt noch zu sagen, was das hier alles soll, auf dieser Erde und in diesem Wahnsinns-Kosmos. Und auf einmal ist vielen Menschen auch dies klar geworden: Wir sind niemals gefragt worden, ob wir überhaupt in diese Welt hineingeboren werden wollten! Und natürlich werden wir auch nicht gefragt, wann und wie wir wieder rauskommen aus ihr! Früher lagen solche Fragen in der Regel weit hinter dem Horizont des Bewusstseins. Heute werden sie gestellt. Und du, Gott, der dieses Orientierungs-Chaos letztlich zu verantworten hast, wie alles in dieser Welt, du nebelst dich in deinem göttlichen Mysterium ein. Oder habe ich da etwas nicht verstanden?

Doch die Aufklärung hat dem Menschen nicht nur die Grenzen seiner Erkenntnisfähigkeit aufgezeigt, sie hat ihm auch den Rücken gestärkt, und zwar gegen dich, Gott. Zumindest gegen das Zerrbild von dir, das viele Religionen zeichnen, besonders die christliche. Habe Mut, zu hinterfragen, was man dir als fertige Wahrheit auftischt, vor allem in den Kirchen, aber auch in Staat und Gesellschaft. Das war die Maxime. Kant selbst hat sie so großartig hingeschrieben, dass du ihm dafür eigentlich einen Orden schuldest, mein guter Gott:

Aufklärung ist der Ausgang des Menschen aus seiner selbstverschuldeten Unmündigkeit. Unmündigkeit ist das Unvermögen, sich seines Verstandes ohne Leitung eines anderen zu bedienen.

Selbstverschuldet sei diese Unmündigkeit, wenn sie durch fehlenden Mut begründet ist. Wörtlich:

Faulheit und Feigheit sind die Ursachen, warum Menschen gern zeitlebens unmündig bleiben; und warum es anderen so leicht wird, sich zu deren Vormündern aufzuwerfen.

Das sitzt! Gib's zu, Gott! Deine sogenannten Diener leben allzu oft von der Bevormundung der Menschen, die dich suchen. Sie verkaufen den Menschen Wasser am Fluss. Und die Menschen kaufen es, statt selbst aus dem Fluss zu schöpfen. Das ist noch heute das primitive Muster in allen Religionen. In diesem Sinn hatte der Aufklärer Karl Marx recht, wenn er schrieb: »Religion ist der Geist geistloser Zustände.« Am krassesten ist das heute im Islam zu sehen, der unter einer bleiernen Decke des Nicht-Hinterfragens seit Jahrhunderten weithin im Stillstand verharrt. Vorbei sind dort die Zeiten, als muslimische Theologen wie Al Ghazali (um 1100) oder Averroes (1200) sich noch mit den alten Philosophen Aristoteles und Plato herumschlagen durften. Bevormundung im Namen Allahs ist die Maxime der Schriftgelehrten von Marrakesch bis Djakarta.

Allerdings: Ausnahmen gibt es natürlich immer, auch unter den Anhängern des Propheten. Und überhaupt: Jesus, Buddha, Laotse und viele andere religiöse Virtuosen wollten andere nie bevormunden, ihnen allenfalls die Augen öffnen. Und wer deine Gegenwart erfahren darf, mein guter Gott, der weiß, dass es auch dir nur darum geht, deinen Beschenkten die Augen zu öffnen. Erkennen dürfen sie das Ineinander von Jenseits und Diesseits im beseligenden Jetzt deines Zugegenseins.

Sich des eigenen Verstandes bedienen, nachdenken, hinterfragen, verstehen wollen: Für aufgeklärte Zeitgenossen ist das heute eine selbstverständliche Lebenshaltung geworden. Wenn das Nachdenken keine befriedigenden Ergebnisse zeitigt, kommt das Experiment hinzu. Systematisches, wiederholbares und nachprüfbares Befragen der Dinge und Umstände. Das lateinische Wort »experimentia« bedeutet dabei sowohl »Versuch«, »Probe«, als auch »Erfahrung«. Und da haben wir dann die Schlüsselworte beieinander, die heute zu einer Bewusstseinserweiterung von bislang ungekanntem Ausmaß geführt haben: Verstand, Experiment, Erfahrung. Boomende Naturwissenschaften und industrielle Güterfertigung waren die Begleitumstände.

Später trat ein viertes Merkmal der Aufklärung hinzu, der Individualismus. Er entfaltete sich aus innerer Notwendigkeit. Denn: Im Laufe der Entwicklung standen den Menschen plötzlich immer mehr Waren, Dienstleistungen, Institutionen, Lern-Optionen und Lebenswege zur Verfügung. Sie gerieten in einen »Zwang zur Häresie« (Peter L. Berger), in die Notwendigkeit, auswählen zu müssen. Und heute ist uns in jedem Moment, per Mausklick, Buch, Fernsehen oder persönlicher Begegnung ein Zugang zu unendlich vielen Informationen möglich. Beispielsweise auch zu jeder der großen Religionen. So ergibt sich eine verwirrende Vielfalt, die früheren Generationen gänzlich unbekannt war. Ebenso der ständige Entscheidungsdruck. Wer sich aber dauernd entscheiden muss, denkt nach, reflektiert. Denn nicht die Konvention, der bequeme Pfad des Herkömmlichen und Vor-Gegebenen, sondern Verstand und Erfahrung sind Kriterien für den Auswahlprozess. Und genau dies führt in den modernen Individualismus. Denn: Wer notgedrungen nachdenkt, wird sich seiner selbst immer mehr bewusst.

Allerdings haben wir heute auch eine riesige globale Unterhaltungsindustrie, die den Menschen ständig davon ablenkt, sich seiner selbst bewusst zu werden, selbst über sich und die Welt nachzudenken. Ein solcher Mensch weiß dann nicht mehr, wer er eigentlich ist, was er will und was ihm in dem ganzen Wirrwarr Halt gibt. Es mag ja sein, dass viele Leute in ihrem alltäglichen Dasein beruflich wie privat Zufriedenheit gefunden haben. Dazu das kleine Glück, das sie ab und an genießen können. Aber: Soll das alles sein? Und andere werden von ihren beruflichen Verpflichtungen derart aufgefressen, dass sie überhaupt nicht mehr zum Nachdenken kommen und sich selbst nicht mehr finden können. Das ist eine Schattenseite der Aufklärung: Im Gegensatz zu früher läuft fast nichts mehr von selbst in fest geregelten Bahnen. Man muss das meiste immer wieder neu regeln.

Über all diesem nun bist du schwer ins Hintertreffen geraten, du großer Gott, mit deinem gigantisch-verrückten Kosmos im Hintergrund. Der Glaube an dich ist in, mit der und durch die Aufklärung sozusagen verdunstet. Man weiß nicht mehr, wo man dich orten soll in diesem Weltbild. Und irgendwie braucht man dich da wohl auch nicht mehr. Unser System der Moderne funktioniert auch ohne dich ganz gut. Ordnung schaffen wir durch unsere Gesetze und Verfassungen. Dazu brauchen wir deine Zehn Gebote schon lange nicht mehr. Keine Gesellschaft kommt zurecht, wenn sie Diebstahl und Mord nicht ächtet. Das musstest du uns nicht erst vom Sinai herab diktieren.

Obwohl: Eines der Schlüsselwörter der Aufklärung, die subjektive Erfahrung, wusste man bereits seit mindestens drei Jahrtausenden in fast allen Religionen zu würdigen. Die »Erkenntnis Gottes durch Erfahrung«, »experimentia Dei«, die Erfahrbarkeit Gottes, war schon immer unter religiösen Menschen bekannt. In der christlichen Theologie und in der Kirche hat man allerdings nie wirklich etwas aus dieser Möglichkeit gemacht. Man setzte auf den Glauben, das Für-wahr-Halten von alten, biblisch »vor-geschriebenen« Fremderfahrungen, Mythen, Legenden und daraus entfalteten Gedankengebäuden. So kennen wir das Christentum, die Religion der Lehrsätze, in der du angeblich zentral zu Hause bist, Gott. Und mit der du gerade den Bach runtergehst, sozusagen. Schauen wir uns diesen Glauben mal kurz näher an.

Hinweis

22 biblische Schlüsseltexte, die in diesem Buch öfter angesprochen werden, finden sich samt kurzem kritischem Kommentar im Anhang dieses Buches auf Seite 163.

Die christliche Botschaft zerbröselt

Erlösungslehre überm Abgrund

Am Anfang schuf Gott Himmel und Erde

Das 1. Kapitel der Bibel: *(1) Im Anfang schuf Gott Himmel und Erde; (2) die Erde aber war wüst und wirr, Finsternis lag über der Urflut und Gottes Geist schwebte über dem Wasser. (3) Gott sprach: Es werde Licht. Und es wurde Licht. (4) Gott sah, dass das Licht gut war. Gott schied das Licht von der Finsternis (5) und Gott nannte das Licht Tag und die Finsternis nannte er Nacht. Es wurde Abend und es wurde Morgen: erster Tag.*

(6) Dann sprach Gott: Ein Gewölbe entstehe mitten im Wasser und scheide Wasser von Wasser. (7) Gott machte also das Gewölbe und schied das Wasser unterhalb des Gewölbes vom Wasser oberhalb des Gewölbes. So geschah es (8) und Gott nannte das Gewölbe Himmel. Es wurde Abend und es wurde Morgen: zweiter Tag.

(9) Dann sprach Gott: Das Wasser unterhalb des Himmels sammle sich an einem Ort, damit das Trockene sichtbar werde. So geschah es. (10) Das Trockene nannte Gott Land und das angesammelte Wasser nannte er Meer. Gott sah, dass es gut war. (11) Dann sprach Gott: Das Land lasse junges Grün wachsen, alle Arten von Pflanzen, die Samen tragen, und von Bäumen, die auf der Erde Früchte bringen mit ihrem Samen darin. So geschah es. (12) Das Land brachte junges Grün hervor, alle Arten von Pflanzen, die Samen tragen, alle Arten von Bäumen, die Früchte bringen mit ihrem Samen darin. Gott sah, dass es gut war. (13) Es wurde Abend und es wurde Morgen: dritter Tag.

(14) Dann sprach Gott: Lichter sollen am Himmelsgewölbe sein, um Tag und Nacht zu scheiden. Sie sollen Zeichen sein und zur Bestimmung

von Festzeiten, von Tagen und Jahren dienen; (15) sie sollen Lichter am Himmelsgewölbe sein, die über die Erde hin leuchten. So geschah es. (16) Gott machte die beiden großen Lichter, das größere, das über den Tag herrscht, das kleinere, das über die Nacht herrscht, auch die Sterne. (17) Gott setzte die Lichter an das Himmelsgewölbe, damit sie über die Erde hin leuchten, (18) über Tag und Nacht herrschen und das Licht von der Finsternis scheiden. Gott sah, dass es gut war. (19) Es wurde Abend und es wurde Morgen: vierter Tag.

(20) Dann sprach Gott: Das Wasser wimmle von lebendigen Wesen und Vögel sollen über dem Land am Himmelsgewölbe dahinfliegen. (21) Gott schuf alle Arten von großen Seetieren und anderen Lebewesen, von denen das Wasser wimmelt, und alle Arten von gefiederten Vögeln. Gott sah, dass es gut war. (22) Gott segnete sie und sprach: Seid fruchtbar und vermehrt euch und bevölkert das Wasser im Meer und die Vögel sollen sich auf dem Land vermehren. (23) Es wurde Abend und es wurde Morgen: fünfter Tag.

(24) Dann sprach Gott: Das Land bringe alle Arten von lebendigen Wesen hervor, von Vieh, von Kriechtieren und von Tieren des Feldes. So geschah es. (25) Gott machte alle Arten von Tieren des Feldes, alle Arten von Vieh und alle Arten von Kriechtieren auf dem Erdboden. Gott sah, dass es gut war. (26) Dann sprach Gott: Lasst uns Menschen machen als unser Abbild, uns ähnlich. Sie sollen herrschen über die Fische des Meeres, über die Vögel des Himmels, über das Vieh, über die ganze Erde und über alle Kriechtiere auf dem Land. (27) Gott schuf also den Menschen als sein Abbild; als Abbild Gottes schuf er ihn. Als Mann und Frau schuf er sie. (28) Gott segnete sie und Gott sprach zu ihnen: Seid fruchtbar und vermehrt euch, bevölkert die Erde, unterwerft sie euch und herrscht über die Fische des Meeres, über die Vögel des Himmels und über alle Tiere, die sich auf dem Land regen. (29) Dann sprach Gott: Hiermit übergebe ich euch alle Pflanzen auf der ganzen Erde, die Samen tragen, und alle Bäume mit samenhaltigen Früchten. Euch sollen sie zur Nahrung dienen. (30) Allen Tieren des Feldes, allen Vögeln des Himmels und allem, was sich auf der Erde regt, was Lebensatem in sich hat, gebe ich alle grünen Pflanzen zur

Nahrung. So geschah es. (31) Gott sah alles an, was er gemacht hatte: Es war sehr gut. Es wurde Abend und es wurde Morgen: der sechste Tag.

Kapitel 2: *(1) So wurden Himmel und Erde vollendet und ihr ganzes Gefüge. (2) Am siebten Tag vollendete Gott das Werk, das er geschaffen hatte, und er ruhte am siebten Tag, nachdem er sein ganzes Werk vollbracht hatte. (3) Und Gott segnete den siebten Tag und erklärte ihn für heilig; denn an ihm ruhte Gott, nachdem er das ganze Werk der Schöpfung vollendet hatte. (4a) Das ist die Entstehungsgeschichte von Himmel und Erde, als sie erschaffen wurden.*

Fressen und gefressen werden: So tickt die Schöpfung

Ein toller Text ist das, der »erste Schöpfungsbericht« der Bibel. Entstanden ist er um das Jahr 530 v. Chr. im alten Babylon an den Ufern des Euphrats. Dorthin war die Oberschicht des von den Babyloniern zerstörten Kleinstaates Judäa für fast fünfzig Jahre ins Exil verbannt worden. Natürlich wissen wir heute sehr viel mehr über die Entstehung des »Himmels und der Erde«. Und es ist alles viel fragwürdiger geworden, als es der majestätisch-harmonische Unterton in diesem alten Bibeltext nahelegt.

Denn deine Schöpfung, du biblischer Gott, scheint dir ja doch irgendwie missraten zu sein. So, wie sie ist, kannst du sie wohl nicht gewollt haben?

Oder bist du so eine Spielernatur? Offenbar hattest du überhaupt keinen Masterplan. Hast alles dem Zufall überlassen. Was soll denn allein dieser riesige Kosmos? Da scheinst du ja immer noch dran rumzubasteln. Oder spielst du da am Ende Golf mit den Galaxien? Und das seit dreizehn Milliarden Jahren! Auf diesen Zeit-Raum kommen jedenfalls unsere Physiker, die das Kosmos-Modell mit dem Urknall noch für gültig ansehen. Aber vielleicht hast du im All in deinen Milliarden Sonnensystemen noch andere intelligente Lebewesen versteckt? Das ergäbe ja wenigstens einen Funken Sinn.

Und dann unsere Erde, dieses Staubkorn im Weltall. Milliarden Jahre hast du dir Zeit genommen, das Leben hier sich entwickeln zu lassen. Und wozu sind denn nur diese Millionen von Lebensformen gut? Was fängst du denn nur mit 20 000 Sorten Käfern, Vögeln und Schlangen an? Was ist dir der Ameisenbär oder der Walfisch? Wozu das alles? Wie es ablief, können uns Evolutionsbiologen seit Darwin mit guten Beobachtungen belegen. Ihr erschreckendes Fazit: Es war letztlich alles Zufall, kleine Mutationen im Erbgut hier und da als Vorteil oder als Behinderung im Kampf ums Dasein.

Von wegen planvolle Schöpfung oder »Intelligent Design«, wie diese naiv-gläubigen Fundamentalisten behaupten. Oder hast du damals den Kometen eigenhändig auf die Erde geschleudert, damit die Dinosaurier aussterben und die Spitzmaus ihre Chance bekommt? Ein bisschen umständlich und theatralisch, findest du nicht auch? Du müsstest doch elegantere Steuerungsmittel für den radikalen Austausch einer Population haben, oder? Aber sicherlich hast du eine ganze andere Intelligenz als wir Menschen. Dann aber soll niemand von uns verlangen, dass wir verstehen, was mit deiner Schöpfung los ist. Und die Theologen machen sich mit der behaupteten Gottesebenbildlichkeit des Menschen einfach nur lächerlich. Auch wenn sie im Schöpfungsbericht steht.

Wir aufrecht gehenden Zweibeiner mit unserer allmählichen Bewusstseinsentwicklung sind ja ziemlich am Schluss auf dieser Erde angekommen. Und auch das war Zufall, wie Biologen klar belegen können. Wir kommen aus dem Tierreich, die Spitzmaus ist unser Säugetier-Urahn, und die Schimpansen sind unsere lausigen Vettern. Aber nun sind wir da. Und unsere Stärke ist unser großes Gehirn. Wir können im Gegensatz zu allen anderen Tieren denken und sprechen. Aber auch das hat sich langsam entwickelt. Es ist volle drei Millionen Jahre her, dass die ersten Hominiden durch die afrikanische Steppe schlichen, Ur-Laute stammelnd. Setzt man die biblisch-göttliche Weltraum-Zeit von genau 13,7 Milliarden Jahren den 24 Stunden eines Tages gleich, sind wir gerade mal 19 Sekunden alt.

Doch in welch einen Albtraum sind wir Menschen auf diesem Planeten hineingeraten! Alles Leben lebt davon, dass es anderes Leben auffrisst. So tickt deine Schöpfung, Gott. Eine Schöpfung, die auf Fraß und Ausscheidung gestellt ist, wie soll die glücken? Zugegeben, die Pflanzen müssen wir da wohl zum Teil ausnehmen. Aber ums Licht kämpfen sie untereinander schon, und aufgefressen werden sie auch. Und mit wie viel Leid ist das alles verbunden! Hungerleiden und Beute jagen, töten und getötet werden, Tag für Tag, Nacht für Nacht, am Ende gibt es oft ein qualvolles Verrecken. Dazu kommen Krankheiten, Gebrechen und der Tod. Alle beweglichen Lebewesen in deiner Schöpfung sind zerbrechliche Gebilde aus Wasser, Blut, Knochen, einem ewig hungrigen Magen und ein paar weiteren Organen. Und wenn sich ein Geschöpf vor Krankheiten und Fressfeinden zu schützen weiß, dann reißt es ein Vulkanausbruch, ein Erdbeben, eine Überschwemmung oder sonst eine Naturkatastrophe aus dem Leben. Ein Leben in Bedrohung und Angst. Hast du das gewollt, du Gott der Bibel?

Der Sündenfall des Menschen, das dritte Kapitel der Bibel (1. Buch Mose, Kapitel 3): *(1) Die Schlange war schlauer als alle Tiere des Feldes, die Gott [...] gemacht hatte. Sie sagte zu der Frau: Hat Gott wirklich gesagt: Ihr dürft von keinem Baum des Gartens essen? (2) Die Frau entgegnete der Schlange: Von den Früchten der Bäume im Garten dürfen wir essen; (3) nur von den Früchten des Baumes, der in der Mitte des Gartens steht, hat Gott gesagt: Davon dürft ihr nicht essen und daran dürft ihr nicht rühren, sonst werdet ihr sterben. (4) Darauf sagte die Schlange zur Frau: Nein, ihr werdet nicht sterben. (5) Gott weiß vielmehr: Sobald ihr davon esst, gehen euch die Augen auf; ihr werdet wie Gott und erkennt Gut und Böse. (6) Da sah die Frau, dass es köstlich wäre, von dem Baum zu essen, dass der Baum eine Augenweide war und dazu verlockte, klug zu werden. Sie nahm von seinen Früchten und aß; sie gab auch ihrem Mann, der bei ihr war, und auch er aß. (7) Da gingen beiden die Augen auf, und sie erkannten, dass sie nackt waren. Sie hefteten Feigenblätter zusammen und machten sich einen Schurz.*

(8) Als sie Gott [...] im Garten gegen den Tagwind einherschreiten hörten, versteckten sich Adam und seine Frau vor Gott unter den Bäumen des Gartens. (9) Gott [...] rief Adam zu und sprach: Wo bist du? (10) Er antwortete: Ich habe dich im Garten kommen hören; da geriet ich in Furcht, weil ich nackt bin, und versteckte mich. (11) Darauf fragte er: Wer hat dir gesagt, dass du nackt bist? Hast du von dem Baum gegessen, von dem zu essen ich dir verboten habe? (12) Adam antwortete: Die Frau, die du mir beigesellt hast, sie hat mir von dem Baum gegeben, und so habe ich gegessen.

(13) Gott [...] sprach zu der Frau: Was hast du da getan? Die Frau antwortete: Die Schlange hat mich verführt, und so habe ich gegessen ... (16) Zur Frau sprach Gott: Viel Mühsal bereite ich dir, sooft du schwanger wirst. Unter Schmerzen gebierst du Kinder. Du hast Verlangen nach deinem Mann; er aber wird über dich herrschen.

(17) Zu Adam sprach er: Weil du auf deine Frau gehört und von dem Baum gegessen hast, von dem zu essen ich dir verboten hatte: So ist verflucht der Ackerboden deinetwegen. Unter Mühsal wirst du von ihm essen alle Tage deines Lebens. (18) Dornen und Disteln lässt er dir wachsen, und die Pflanzen des Feldes musst du essen. (19) Im Schweiße deines Angesichts sollst du dein Brot essen, bis du zurückkehrst zum Ackerboden; von ihm bist du ja genommen. Denn Staub bist du, zum Staub musst du zurück.

(20) Adam nannte seine Frau Eva (Leben), denn sie wurde die Mutter aller Lebendigen ...

(22) Dann sprach Gott [...]: Seht, der Mensch ist geworden wie wir; er erkennt Gut und Böse. Dass er jetzt nicht die Hand ausstreckt, auch vom Baum des Lebens nimmt, davon isst und ewig lebt! (23) Und Gott [...] schickte ihn aus dem Garten von Eden weg, damit er den Ackerboden bestellte, von dem er genommen war. Er vertrieb den Menschen und stellte östlich des Gartens von Eden die Kerubim auf und das lodernde Flammenschwert, damit sie den Weg zum Baum des Lebens bewachten.

(Zwei kurze Erläuterungen zu diesem Text: Die drei Punkte hinter dem Wort »Gott« markieren das Weglassen des Wortes »Herr«. Dieses hat sich in unsere Bibelübersetzungen als eine Deutung eingeschlichen, die im Urtext keine Entsprechung findet. Mehr dazu: Seite 50. Zum Zweiten: Martin Luther hat in seiner Übersetzung des hebräischen Urtextes die abstrakte »Frucht« vom verbotenen Baum der Erkenntnis in einen »Apfel« umbenannt. Für uns Deutsche stand somit im Paradies ein Unheil bringender »Apfel-Baum«.)

Die Bibel hat in diesem Text etwas ganz richtig gesehen: Wir Menschen sind nach der Geburt, also sozusagen nach der Vertreibung aus dem Paradies, wie alles Leben auf diesem Planeten in die Naturgesetze eingebunden. Auch wir fühlen uns bedroht und haben Angst. Die meisten Exemplare unserer Gattung müssen sich von früh bis spät darum kümmern, dass sie satt werden. Wir alle müssen unsere Nahrungsquellen sichern, unser Dach über dem Kopf haben, unser Revier verteidigen, unsere Vorräte, unseren Besitz mehren, wir müssen »unsere Gruppe« schützen, und wir müssen Macht erlangen, damit wir die Dinge kontrollieren können. Alles aus tierischem Antrieb heraus.

Und dabei geht es oft kräftig zur Sache. Zimperlich gehen wir Menschen beim Kampf ums Dasein nicht gerade miteinander um. Egoistisch, unsolidarisch, gierig, machthungrig, ungerecht: Ach mein Gott, das ganze Programm des Böseseins beherrschen wir. Und mit großem Eifer bringen wir uns untereinander immer wieder um, im Krieg oder in Alltagskonflikten. Der Mensch ist wohl das größte und grässlichste Biest unter allen irdischen Kreaturen. Er allein weiß schließlich in allem Bösen, was er tut. Ganz sicher vergrößern wir so das Leiden auf der Erde. Darin werden wir gegeneinander schuldig.

Aber die Bedingungen für diesen Kampf ums Dasein haben nicht wir in die Welt gesetzt. Und du kannst dich nicht einfach hinstellen, Gott – so legen sich die alten Schriftgelehrten das jedenfalls zurecht –, und triumphieren: Ihr Menschen wisst, was Gut und Böse ist, schließlich habt ihr damals im Paradies entgegen meinem Gebot vom »Baum der Erkenntnis« gegessen. Und ich habe euch den freien Willen gegeben, danach zu handeln. Damit würdest du dir die Sache zu einfach machen, guter Gott. Schließlich hast du uns Menschen so gemacht, wie wir sind, und du hast uns in die Existenz auf diesem Planeten hineinfallen lassen.

Und außerdem wirst du ja auch unsere späteren Aufklärer Schopenhauer, Nietzsche und Freud gelesen haben. Die haben dir ja nur noch einmal bestätigt, was du schon lange weißt: Des Menschen Unbewusstes ist ein Abgrund, in dem der freie Wille nicht viel zu sagen hat. Wir sind da oft genug gar nicht Herr im eigenen Haus. So sind wir halt gemacht, den Moralisten sei's getrommelt und gepfiffen. Wir haben uns nicht selbst so geschaffen. Kein Mensch hat das volle Bewusstsein um sich selbst. »Die Wahrheit ist, dass die Seele sich in weitem Umfang gar nicht kennt« (Carl Friedrich von Weizsäcker). Bewusstseinserweiterung: Da geht's lang, lieber Gott, Richtung »Erlöse uns von dem Übel«. Und das ist dein Ding, Gott!

Aber können wir wirklich nicht anders? Es gab einmal einen Menschen, das wäre hier kurz anzumerken, der empfohlen hat, gegen diesen Strich zu leben. Auf dass es uns allen besser gehe. Das war dein Prophet Jesus, mein guter Gott, du weißt es. Wenn der Evangelist Matthäus in der von ihm komponierten Bergpredigt (Kapitel 5-7) diesen Jesus richtig zitiert, dann rät uns der Mann aus Nazareth Folgendes: Lebt bedürfnislos, richtet einander nicht, seid friedfertig ohne Wenn und Aber, entfeindet eure Gegner, enthaltet euch des Schwörens (des Bindemittels der Gruppe), helft euren Nächsten in ihren Nöten, helft den Armen, den Kranken und Gefangenen, sorgt euch um die fern von Gott Lebenden.

Auf dieses Experiment hat sich die Menschheit bisher nicht eingelassen. Kompromisse gab und gibt es immer wieder. Die animalischen Impulse in uns sind aber stark. Sicher haben wir manches aus dem Sozialverhalten gewisser Tierarten übernommen. Dennoch: In der Natur, in deiner Schöpfung, Gott, gibt es keine Barmherzigkeit. Nur wir Menschen sind ab und an fähig dazu. Wir schaffen es bisweilen, eine Schicht Zivilisation über unsere tierischen Impulse zu legen. Das beginnt historisch stets mit Religion, in Fernost auch mit Weisheit. In der Religion wird neben viel Schrecklichem auch Wahrnehmung von

Schönheit und Muße möglich. Nachdenken kann einsetzen. Aber das sind seltene Privilegierungen in dem elenden Existenzkampf, in dem wir, wie alle anderen Tiere auch, täglich mittendrin stecken.

Menschsein heißt vor allem leiden, kämpfen, irren, sich paaren, töten, schuldig werden, krank werden, verenden. Gut, ein bisschen Glück, Glanz, Schönheit und Zufriedenheit gibt's dazwischen auch immer mal wieder. Und merkwürdig genug: Niemand will so schnell von selbst heraus aus dieser irdischen Existenz. Offenbar hängen wir auch noch an diesem Leben …

Wer ist schuld an diesem Albtraum?

»Und Gott sah, dass es gut war.« Mein Gott, was steht denn da im ersten Kapitel der Bibel? Dort wird ja beschrieben, wie du die Welt geschaffen hast. Und wie sie dir am siebten Tag so richtig gut gefallen hat, am Sonntag, als du dich ausruhtest. So jedenfalls haben sich die Leute das damals vorgestellt, um 530 v. Chr., als dieser Text entstand. Über so viel Blauäugigkeit musst du wohl selbst ein bisschen lächeln. Aber es kommt noch schlimmer. Die Priestertheologen, die das über dich geschrieben haben, waren nämlich richtig hinterhältig. Dir konnten sie die Schuld für diese leidende Schöpfung nicht geben. Da fürchteten sie vermutlich deine Rache. Also schieben sie uns, den Menschen, die Schuld am Leiden und Sterben in der Welt zu. Das legen sie dir in den Mund, Gott. Du weißt, die Geschichte von dem »Apfel-Baum« der Erkenntnis im Paradies, von dessen Früchten zu essen du strikt verboten hattest. Und trotzdem: Eva beißt hinein und dann Adam. Deine Reaktion, wie die Religionsbeamten sie sehen: Zur Strafe werdet ihr fortan leiden und ihr müsst sterben.

So, und nun also kann ich mich richtig aufregen: dieser ganze irdische Albtraum samt dem unausweichlichen Tod jedes Individuums. Das haben wir Menschen uns demnach selbst zuzuschreiben, diese Suppe haben wir uns selbst eingebrockt! Das ist aber nun ein starkes Stück, was sich diese Herren Priestertheologen da ausgedacht haben.

Schlimmer noch wird es, wenn man sieht, was später das Christentum aus diesem Text gemacht hat. Das geht dann wirklich auf keine Kuhhaut mehr. Besonders Paulus suhlt sich geradezu in einer Schuld- und Sündenkultur, die er auf »Adams Fall« zurückführt. Eigentlich tut das das ganze Neue Testament.

Nur Jesus hat in diesem Chor nicht mitgesungen, wie wir heute wissen. Er, der in deiner Gegenwart lebte, unmittelbar zu dir, guter Gott, und der versuchte, Mitmenschen da hineinzunehmen. Dieser Jesus nimmt die Worte Schuld und Gehorsam nirgends in den Mund. Sie kommen in den auf ihn selbst zurückzuführenden Texten einfach nicht vor. Paulus hingegen schwelgt regelrecht in dieser finsteren Denkweise.

Und dann kommt Augustinus, um 400 n. Chr. Bischof in Nordafrika (im heutigen Tunesien). Er behauptet doch glatt, die Schuld, die Adam durch seinen Ungehorsam auf sich geladen hat, werde im Geschlechtsakt von Generation zu Generation weitergegeben. Es sei eine »Erbsünde«. Diese Behauptung hat letztlich die ganze christliche Lehre vergiftet. Zum Schluss setzt Erzbischof Anselm von Canterbury (11. Jahrhundert, Grafschaft Kent) noch eins drauf. (Vermutlich ist er deswegen in seiner Kathedrale erschlagen worden.) Dieser Theologe hat ein paar Sätze über dich, Gott, in die Welt gesetzt, die das Christentum bis heute nicht verdaut hat: Gott ist durch den Ungehorsam Evas und Adams damals im Paradies so schwer gekränkt worden, dass das nur durch ein gewaltiges Opfer wieder gesühnt werden kann. Dieses Opfer war der Gottessohn Jesus Christus. Durch seinen qualvollen Tod am Kreuz habe er die Sühne erbracht. Diese sogenannte *Satisfaktionslehre* musst du dir seither gefallen lassen, guter Gott.

Kurios ist für mich dabei immer, wenn an dieser Stelle noch die sogenannte *Dreifaltigkeitslehre* ins Spiel kommt. Danach hast du, guter Gott, offenbar selbst den ganzen Sühneakt durchgeführt. Wir Menschen haben ja gar nichts dazu beigetragen, außer dass einige damals diesen Jesus umgebracht haben. Aber der Ermordete warst ja du selbst, sagen die Dreifaltigkeitstheologen. Denn dein Sohn ist ja eines Wesens mit dir. Also bist du selbst dort am Kreuz verendet, Gott? Und dann warst du ja auch richtig tot? Drei Tage lang hatten wir buchstäblich eine gottlose Welt? Und hast du dich dann selbst wieder auferweckt? Oder war es doch alles nur dein Sohn Christus?

Ist das nicht ein bisschen umständlich wie so vieles in deiner sogenannten Heilsgeschichte mit uns Menschen? Hättest du Adam und Eva damals nicht einfach vergeben können, du Gott der Liebe? Stattdessen ziehst du diesen Zirkus auf, mit dem Sühneopfertod im Geiste der Dreifaltigkeit. Wenn ich nicht wüsste, dass es bei dir, guter Gott, alles ganz anders ist, wäre jetzt der Punkt, an dem ich mich von dir verabschieden würde.

Noch einmal: Der Opfertod Jesu Christi hat jeden Menschen aus diesem Albtraum »irdisches Leben« erlöst. Durch die Gnade Gottes. So geht die traditionelle Lehre der Kirche. Aber was heißt das konkret? Hier auf Erden hat sich nichts geändert, und der reine Glaube an den erlösenden Opfertod Jesu hat kaum etwas bewirkt, oder? Hier und da ein wenig Halt und Sinngebung. Kunst auch. Und viel Kultur. Ansonsten unendlich viel durch die Kirchen verursachtes Leid und Gewalt. Sieht man genau hin, ist das Christentum blutgetränkt durch und durch. Erlösung gibt es offenbar erst nach dem Tod. Und das auch nur, wenn die Menschen an diesen Opfertod auch tatsächlich glauben, als Freigesprochene sich entsprechend gut verhalten und die Gebote Gottes befolgen. Wer das nicht hinkriegt: Ab in die Hölle! Dort lebt man, je nachdem, im Feuer oder in eisiger Gottesferne, und dagegen ist auf ewig nichts mehr zu machen. Das ist »der ganze Ernst«. So umschreiben das heute Theologen. Im Ernst!

Ach, mein guter Gott, ich glaube, dieses ganze Lehrgebäude ist längst in sich zusammengekracht, auch wenn das viele Christen noch nicht gemerkt haben. Heute ist es doch ganz offenkundig, das musst du zugeben, Gott: Den Tod gab es auf der Erde schon Tausende Millionen Jahre lang, bevor überhaupt der erste Mensch über diesen Planeten lief. In einer Welt des Fressens und Gefressenwerdens ist er sichtlich auch unumgänglich. Aber diese Welt hast du geschaffen. Somit haben den Tod nicht wir Menschen in die Welt gebracht, sondern du. Oder hast du eine bessere Antwort? Und überhaupt, wo willst du denn in der Evolution der Hominiden auf der Erde den konkreten Sündenfall ansetzen? Wer waren denn Adam und Eva? Wo lebten sie, und wo stand dieser verdammte Apfel-Baum?

»Ein Mythos«, sagst du? – Einverstanden! Solche Mythen gab es in vielen Kulturen. Alle haben versucht, sich zu erklären, wie wir Menschen in diesen Albtraum »irdisches Leben« hineingeraten sind. Aber Mythen können auch wieder sterben. Und dieser biblische Mythos vom Sündenfall ist heute mausetot. Damit ist aber auch das sogenannte Erlösungswerk Christi im Abgrund der Evolution verschwunden. Theologisch ist Jesus ganz umsonst am Kreuz gestorben.

Und die Trinitätslehre geht heute an 99 Prozent der Zeitgenossen glatt vorbei. Dieses Kasperletheater mit drei göttlichen Personen, die sich je nach Bedarf wieder zu einer einzigen Person zusammenfalten. Die eine Menschenfrau begatten, sich so als Irdischer hervorbringen und am Kreuz sterben, um alsbald alle wieder im Himmel vereint zu sein, wo sie fortan eine exakte Aufgabenaufteilung praktizieren. Wer kann denn mit diesen mythologischen Bildern noch etwas anfangen? Die meisten verstehen noch nicht einmal, dass es hier um *mythologische Bilder* geht!

Ich weiß, guter Gott. Dreiergottheiten gibt es in vielen Religionen. Bei den alten Ägyptern, bei den Germanen und, und, und. In Fernost, bei den Hindus ist es die »Trimurti« aus Vishnu, Shiva und Brahma. Aber die vollbringen nicht solche Verschmelzungskunststücke wie ihr drei: Gott Vater, Sohn und Heiliger Geist.

Als Abstraktum verstehe ich das alles ja gut, reine Dialektik: »Die Dreizahl ist ein uraltes Symbol der Vielheit, die sich wieder zur Einheit schließt. Wenn Zwei die Trennung (von der Eins) bedeutet, so ist Drei das Symbol der wiedergewonnene Ganzheit« (Norbert Scholl, Theologieprofessor). Das Problem ist nur, guter Gott: Dieses Symbol in der traditionellen christlichen Form als Vater, Sohn und Heiliger

Geist greift heute nicht mehr. Es »er-greift« fast niemanden mehr. Auch Symbole können offenbar sterben.

Aber das ist deinem Bodenpersonal sichtlich egal. In goldenen Lettern haben die Kirchen den »dreieinigen« Gott in ihren Verfassungen verewigt. Und jede kirchliche Handlung beginnt »Im Namen des Vaters, des Sohnes und der Heiligen Geistes«. Da können die normalen Zeitgenossen noch so unverständig sein. Sie verstehen nichts als Abrakadabra. Doch der dreiheilige Spruch kommt ebenso sicher wie das Amen am Schluss. Das ist die Macht der Liturgie ... Amen.

Was allen in die Kindheit scheint

Natürlich bist auch du ein Symbol, guter Gott. Aber für mich bist du ein sehr lebendiges Symbol. Eines, das mir Resonanz schenkt, mein Herz in Schwingungen versetzt. Sicher weiß ich: Du bist nicht der alte Mann mit Bart da oben im Himmel. Du bist vielmehr das »Allumfassende«, das All-Seiende, das All-Durchdringende, das All-Durchlichtende und -Durchliebende, der »Urgrund des Seins«, das Alles und der Eine, das »Brahman« der Inder, das »Tao« der Chinesen, das »Nirvana« der Buddhisten. Du bist immer und überall. Der »fern-nahe« Gott, so hat dich die französische Mystikerin Marguerite Porete in ihrem Buch »Spiegel der einfachen Seelen« genannt. Dafür musste sie im Jahr 1310 auf dem Scheiterhaufen in Paris sterben. (Und Meister Eckhart, damals Professor an der Sorbonne, stand vermutlich von ferne ...) Gleichwohl: Du nah-ferner Gott bist in jedem Stein, in jedem Geschöpf; in meiner Katze bist du so gewiss wie in mir selbst. Dabei bist du immer du selbst, heilig und unnahbar. Jedem Geschöpf, auch uns Menschen, unendlich fern und hautnah-liebend zugleich. Ein Paradox, das unserem Denken einfach nicht zugänglich ist.

Wohl kein Stück religiöser Weltliteratur hat dich, Gott, in deiner unnahbaren Seite so zum Schwingen gebracht wie das elfte Kapitel der »Bhagavadgita«. Dieses um 250 v. Chr. verschriftlichte indische »Neue Testament« wird meist nur die »Gita« genannt. Die Handlung spielt sinnigerweise auf dem Schlachtfeld, kurz vor dem Zusammenprall der sich gegenüberstehenden feindlichen Heere. Der Fürst in seinem Streitwagen spricht mit seinem Wagenlenker über Sinn und Unsinn des kriegerischen Mordens. Plötzlich wird es mythologisch: Der Wagenlenker stellt sich vor als Krishna, Inkarnation des Gottes Vishnu. Beide Namen sind den meisten Indern seit der Kindheit vertraut. Das intensive Gespräch der beiden spiegelt die vielfältigen Strömungen des Hinduismus wider, ein kunstvoll gelungenes Lehrgedicht der ältesten heute noch lebendigen Religion der Menschheit.

Und dann, im elften Kapitel, bittet der Fürst, Krishna möge sich als der eine und einzige Gott Vishnu selbst offenbaren. Der tut das in wenigen Versen auf eine Weise, dass wohl jedem religiösen Menschen auf der Stelle die Haare zu Berge stehen durch die Erfahrung der unnahbaren, fernen Seite des Weltenschöpfers, der zugleich als unpersönliches All-Eines sich geben kann. Am Ende hält es der Fürst nicht länger aus und bittet, Vishnu möge sich wieder in seiner Inkarnation als Krishna zeigen.

Gott sei Dank geht mich selbst diese unnahbare Seite Gottes nichts an. Sie »geht mich nicht an«, ich musste ihr noch nie begegnen. Für mich steht das Liebesverhältnis zwischen Gott und mir im Mittelpunkt. Das lege ich mir mit den Begriffen des Religionswissenschaftlers Rudolf Otto so zurecht: Die furchterregende Seite des »Heiligen«, das *Tremendum,* wird von der faszinierenden und beglückenden Seite, dem *Faszinosum,* aufgesogen. Das kann selbst von religiösen Menschen so erfahren werden, die die Hingabe an die unpersönliche All-Einheit leben.

Aber ich selbst kann dir nun einmal nur als »Du« begegnen, mein lieber unpersönlicher Gott. Und das verbindet sich mit der Erfahrung dessen, was ich »deine Gegenwart« nenne. Ich vertraue mich dir an und bin bei dir geborgen. Ich habe absolut keine Angst vor dir. Von dir her finde ich mich in dieser rätselhaften Existenz zurecht, die wir Diesseits nennen. Im Hinduismus heißt solche Gotteserfahrung in gegenseitiger Liebe *Bhakti,* liebende Hingabe. Sehr viele Hindu-

Gläubige, egal zu welcher Gottheit sie beten, bezeichnen ihr Verhältnis zu ihrem Gott als Bhakti.

Erklären kann ich mir mein eigenes Bhakti-Verhältnis zu dir, dem einen und einzigen Gott, nicht. Ich weiß nicht, was all das soll, das wir deine Schöpfung nennen. Und ich habe nicht die geringste Ahnung, wer du wirklich bist. Ich weiß nicht, wo du herkommst und wie du aussiehst. Ich habe keine Vision von dir. Selbst als »fließendes Licht der Gottheit« bist du mir noch nicht begegnet. So innig ich mich in dieses Bild auch einfinden kann. Aber vollends kennt dich so eben nur Mechthild von Magdeburg, die diese ihre persönliche Vision im 12. Jahrhundert niederschrieb. Doch auch so bist du für mich ein »süßes« Geheimnis, das mir näher ist, als ich mir selbst sein kann. Im Koran heißt es sehr schön, du seist »jedem Menschen nahe, gleich neben seiner Halsschlagader« (Sure 50, 16).

Wie findet man zu diesem Geheimnis? Ich weiß es nicht genau. Meditation hilft immer, eine liebevolle Haltung zum Mitmenschen ebenso. Zu dieser gehört besonders der Einsatz für die Armen und die Ausgegrenzten der Gesellschaft. Am Ende bist es aber nur du, Gott, der zu dem Menschen findet, der sich an der Halsschlagader entlang in seinem Herzen einnistet. Warum du das bei so wenigen Menschen tust, ist mir ein Rätsel.

Ein Grund für deine Abwesenheit in den Herzen so vieler Menschen ist wohl, dass die meisten Zeitgenossen nicht mehr staunen können. Sie können sich nicht öffnen. Dabei ist doch unsere ganze Existenz von einem Geheimnis umgeben. Wieso ist überhaupt etwas und nicht nichts? Wieso bin ich da und kann über mich und die Welt nachdenken? Wieso sehe ich etwas mit meinen eigenen Augen, und die Wissenschaft sagt mir: »Was du siehst, ist tatsächlich nicht das, was du siehst. Im Grunde nimmst du nur ein Bild wahr, in Rückkoppelung mit einem ungreifbaren Energiefeld, zu dem du selbst gehörst.« Das Bild ist mit der Wirklichkeit aber offenbar ganz gut kompatibel, »es wirkt« gewissermaßen. Doch was die Wirklichkeit selbst ist, das wissen wir nicht. Ich glaube, das wird heute jeder Quantenphysiker bestätigen. Abgesehen davon, dass es Kant ja auch schon auf philosophischem Wege herausgefunden hatte.

Wir sind mit unserer Existenz von einem Geheimnis umgeben, das für uns unfassbar ist. Das Mysterium des Seins. Man muss es nur an sich herankommen lassen. Dann kann man ein Gespür dafür bekommen: Mitten im Profanen ist das ganz Andere anwesend, das, was wir das »Heilige« nennen, Gott. Immer ganz nahe, immer im Hier und Jetzt. Nie greifbar, aber immer bereit zu ergreifen.

Ich weiß nicht, was diese Welt soll, aber ich kann mich trotzdem immer auch an ihr erfreuen, allein und mit anderen. Ich kenne natürlich Zustände des Glücks und der Zufriedenheit. Und ich genieße es vor allem, mich an dich zu schmiegen, mein Gott. Du weißt, das habe ich bei Meister Eckhart gelernt.

Dennoch kann ich diese Welt weiß Gott nicht für »die beste aller möglichen Welten« halten, wie der Philosoph Wilhelm Leibniz vor rund 300 Jahren behauptet hat. Wie die meisten Zeitgenossen erfahre ich sie als einen ziemlich elenden Schlamassel. Und nur du, Gott, kannst für diesen Zustand verantwortlich sein. Hast du diese Welt doch geschaffen – sagt zumindest der biblische Schöpfungsmythos. Oder hat sie sich gar selbst geschaffen?

Es gibt Physiker, die das für möglich halten. Das löst aber auch nicht das Rätsel, was es mit dem Elend in dieser Welt auf sich hat. Und was wäre es denn dann, von dem ich gewahr bin, dass es mich in Liebe durchdringt? Das Gerede von einem Teufel, der dir dazwischengefunkt habe bei der Schöpfung, würde ja bedeuten, dass es zwei göttliche Mächte gäbe, die um die Vorherrschaft ringen!

Nein, mein lieber, du bist der eine und einzige Gott, du hast diese Schöpfung angerichtet, und nun sieh zu, wie du uns Menschen verständliche Auswege aus dem Schlamassel aufzeigst. Der Weg des »Christus-Ereignisses« ist nicht mehr gangbar. Jesus hatte recht: »Erlöse uns von dem Übel.« Tu es, Gott, und versuch gar nicht erst, uns zu erklären, wie es dazu kam. Dem Buddha hast du es damals, 500 v. Chr., ja schon ins Ohr geflüstert: Es hat keinen Sinn, predigte der Erleuchtete, eine Erklärung dafür zu suchen, wie wir in diesen Schlamassel des Samsara, dieses leidvollen Kreislaufs von Werden und Vergehen, hineingeraten sind. Das führt nur in endlose Grübeleien.

Das war übrigens ziemlich genau zu derselben Zeit, als in Jerusalem die schriftgelehrten Priester bei der Neubearbeitung der Bibel uns Menschen die Schuld für Leiden und Sterben in der Schöpfung zuschoben. Ein Schurkenstück, das erst spät aufgeklärt werden konnte. Es ist einfach nicht wahr, wir sind nicht schuld daran, dass wir schuldig werden können, und wir haben keine Ahnung, was mit deiner Schöpfung los ist, Gott. Wahr ist hingegen, was der Philosoph Ernst Bloch sagte: »Da ist etwas, das allen in die Kindheit scheint und worin noch niemand war: Heimat.« Da bitte, führ uns endlich hin, guter Gott.

Und: Ja, ich geb's zu, wer in deiner Gegenwart leben darf, Gott, der ist schon halbwegs angekommen in der Heimat.

Gottes großer Trümmerhaufen: Bibelkritik

Ein Quantum Bibelkunde

Da viele Zeitgenossen gar nicht mehr sagen können, wie die christliche Botschaft eigentlich lautet, hier zwei kurze zentrale Texte. Sie werden seit vielen Jahrhunderten in jedem christlichen Gottesdienst auf der ganzen Welt und in Hunderten Sprachen gesprochen. Der erste Text ist ein liturgisches Bekenntnis. Es war rund 400 Jahre nach Christi Geburt ausformuliert. Mit diesem Text wirst du, Gott, allerhand inhaltliche Probleme haben. Ich halte ihn für nicht mehr vermittelbar. Jesus, der in seinem Wirken einzig dich, Gott, in den Mittelpunkt gestellt hat, dieser Jesus kommt mit seiner Botschaft in diesem Glaubensbekenntnis gar nicht vor. Der Verkünder ist hier zum Verkündeten geworden. Eine Wendung um 180 Grad. Darüber müssen wir später noch sprechen, mein Gott. Im Folgenden geht es ja erst einmal nur ums Kennenlernen.

Das Glaubensbekenntnis:
Ich glaube an Gott,
den Vater, den Allmächtigen,
den Schöpfer des Himmels und der Erde.
Und an Jesus Christus, seinen eingeborenen Sohn, unseren Herrn,
empfangen von der Jungfrau Maria,
gelitten unter Pontius Pilatus, gekreuzigt, gestorben und begraben,
hinabgestiegen in das Reich des Todes,
am dritten Tage auferstanden von den Toten,
aufgefahren in den Himmel;
von dort wird er kommen,
zu richten die Lebenden und die Toten.
Ich glaube an den Heiligen Geist,
die heilige christliche Kirche,
die Gemeinschaft der Heiligen,
Vergebung der Sünden, Auferstehung der Toten
und das ewige Leben. Amen

Der zweite Text ist ein Gebet, das selbst bei bibelkritisch forschenden Theologen als echt gilt. So betete Jesus von Nazareth.

Das Vaterunser:
Vater unser im Himmel,
Geheiligt werde dein Name.
Dein Reich komme.
Dein Wille geschehe
wie im Himmel, so auf Erden.
Unser tägliches Brot gib uns heute.
Und vergib uns unsere Schuld,
wie auch wir vergeben unsern Schuldigern.
Und führe uns nicht in Versuchung,
sondern erlöse uns von dem Bösen.

Aber wir brauchen wohl noch einige weitere Texte, um Interessierten ein wenig Grundwissen über das Christentum zu unterbreiten. Und selbst Traditionschristen sind ja nicht mehr wirklich bewandert in der Bibel. Deshalb im Folgenden noch ein paar kurze Passagen aus dem Buch, das die Autoren selbst als »Wort Gottes« verstehen.

Dieses Buch hat zwei Teile, »Testamente« genannt, das Alte und das Neue Testament. Das Alte Testament umfasst 47 Einzelschriften und beginnt mit den fünf Büchern Mose, die im Judentum »Thora« (Weisung) heißen. Als Ganzes ist das Alte Testament die Gründungsurkunde des Judentums und wird dort »Tanach« genannt. Aber das dicke Buch ist auch Heilige Schrift der Christen.

Das Neue Testament fußt zwar auf Worten, Taten und dem Schicksal des Juden Jesus aus Nazareth. Und es ist ausschließlich von hellenistisch geprägten Juden geschrieben worden, unter anderem von Paulus, Matthäus und Markus. Doch die jüdische Religion erkennt das Neue Testament nicht als Heilige Schrift an. Dieser schmalere Teil der christlichen Bibel umfasst 27 Einzelschriften: vier Evangelien, einen Bericht über die Anfänge der Kirche (die Apostelgeschichte), zweiundzwanzig Briefe und eine Vision vom Ende der Zeit (die Apokalypse).

Und du, mein guter Gott, weißt, wie viele fürchterliche Texte über dich in deinem angeblich selbst geoffenbarten Wort stehen. In beiden Testamenten. Wie du immer wieder als Diktator und Obermafioso hingestellt wirst. Zum Beispiel mit so lächerlichen Racheaktionen wie deinem Entschluss, die von dir geschaffene Menschheit wegen Ungehorsams mal eben in einer Sintflut zu ersäufen. Ständig wirst du in der Bibel für schlimme Dinge in Haftung genommen: harte und grausame Gesetze, Strafen und blutige Schlachten, heilige Eroberungskriege oder Völkermord an den Nachbarn. Du zürnst andauernd, schickst Hungersnöte oder Heuschrecken. Zur Besänftigung verlangst du, so scheint es, ständig blutige Tieropfer in den Tempeln. Es steht ja schließlich alles in den Büchern, die dein guter Moses angeblich selbst geschrieben hat. Ich weiß: Bei einigen Propheten weist du die blutigen Opfer und das »Geplärre der Lieder« in den Tempeln energisch zurück. Aber gegen die Moses-Schriften kommst du damit nicht an. Am Ende sollst du sogar den qualvollen Tod deines angeblichen Sohnes am Hinrichtungskreuz der Römer in Jerusalem eingefordert haben.

Warum eigentlich erscheinst du, Gott, im Bewusstsein dieser biblischen Autoren vornehmlich als Monster? Liegt es an der harten Erziehung der Jugend damals? Liegt es an den fürchterlichen Entbehrungen, an der Ungerechtigkeit im Land? Wusste man Gemeinschaften nicht anders zusammenzuhalten als mit einem donnernden Drohgott?

Auch ein Jüngstes Gericht und ewige Höllenfeuer dichtet man dir an. Und dann die anderen Religionen: Menschen, denen du, der eine und einzige Gott, unter ganz anderen Namen und Bildern vorstellbar geworden bist. Auch sie schreiben dir in ihren Heiligen Büchern solche grässlichen Dinge zu. Seien sie nun Muslime, Buddhisten, Hindus oder Konfuzianer. Die Hölle kennen sie alle. Der Züricher Theologe und Psychoanalytiker Rolf Kaufmann hat das in seinem Buch »Die Hölle« sehr drastisch an alten hinduistischen und buddhistischen Texten gezeigt. Zum Teufel damit! Wenn du wirklich so eine Hölle geschaffen haben solltest, guter Gott, dann würde ich dir meine Eintrittskarte ins Paradies zurückgeben. Aber ich glaube nicht, dass du so ein Straf- und Höllen-Gott bist. Ich weiß: Du bist es ganz gewiss nicht!

Im Folgenden habe ich ein paar Texte ausgewählt, die über dich geschrieben stehen – zum Nachdenken.

Texte aus dem sogenannten Alten Testament

Viele solcher Text enthalten für uns Heutige erst einmal einen sprachlichen Stolperstein: die ständige Rede von Gott als dem »Herrn«. Alle hebräisch schreibenden Autoren scheuten sich, den heiligen Namen Gottes »Jahve« auszusprechen oder gar hinzuschreiben. Sie setzten dafür das Wort *Adonai,* Herr, ein. In der griechischen

Übersetzung des Alten Testaments, die schon um 250 v. Chr. vorlag, wird Adonai durch das Wort *Kyrios* (Herr, Herrscher) ersetzt. So ist in unsere deutschen Bibelübersetzungen dann die Doppelung »Gott, der Herr« hineingeraten.

Und das schleppen wir heute im Gesangbuch wie in der Liturgie mit uns herum. Bis hinein in die dümmliche Rede von dem »Herrn Jesus«. So viel Missbrauch tut weh. Mein Gott nochmal, du bist doch kein Herr, guter Gott, kein Gutsbesitzer, Befehlshaber oder sonst eine menschliche Machtperson, vor der man Respekt zu bekunden habe. Und Jesus hat dich mit einem Kosenamen angeredet: *Abba* (Papa). Zitiert wird im Folgenden zumeist nach der sogenannten Einheitsübersetzung, auf die sich die katholische und die evangelische Kirche geeinigt haben.

Die biblische Sündenfallgeschichte, das dritte Kapitel am Anfang der Bibel, wirkt in der Überlieferung Israels lange nach. In dem folgenden Vers ist der »Fluch des Ungehorsams« schon sehr viel deutlicher als prinzipielle Schuld des Menschen zu erkennen. Er erinnert direkt an die geschlechtlich weitergegebene »Erbsünde« des Bischofs Augustinus. Vermutlich war dieser Text das Vorbild für jene verrückte Lehre. Das biblische Buch der Psalmen enthält gesammelte Lieder und Gebete aus unterschiedlichen vorchristlichen Jahrhunderten.

Psalm 51: *(7) Denn ich bin in Schuld geboren; in Sünde hat mich meine Mutter empfangen.*

Später, im Neuen Testament, sollte der Apostel Paulus das um das Jahr 56 in seinem berühmten Brief an die Christen in Rom (»Römerbrief«) folgenschwer auf den Punkt bringen (Kapitel 6, Vers 23): *Denn der Lohn* [die Folge] *der Sünde* [Evas und Adams] *ist der Tod.* Luther übersetze das vor 500 Jahren so: *Der Tod ist der Sünde Sold.*

Doch weiter im Alten Testament: Die folgenden Verse haben manche Zeitgenossen von irgendwelchen Beerdigungen wohl noch ganz schwach im Ohr:

Psalm 90: *(2) Ehe die Berge geboren wurden, die Erde entstand und das Weltall, bist du, o Gott, von Ewigkeit zu Ewigkeit. (3) Du lässt die*

Menschen zurückkehren zum Staub und sprichst: »Kommt wieder, ihr Menschen!« (4) Denn tausend Jahre sind für dich wie der Tag, der gestern vergangen ist, wie eine Wache in der Nacht. (5) Von Jahr zu Jahr säst du die Menschen aus; sie gleichen dem sprossenden Gras. (6) Am Morgen grünt es und blüht, am Abend wird es geschnitten und welkt. (7) Denn wir vergehen durch deinen Zorn, werden vernichtet durch deinen Grimm. (8) Du hast unsre Sünden vor dich hingestellt, unsere geheime Schuld in das Licht deines Angesichts ... (10) Unser Leben währt siebzig Jahre, und wenn es hoch kommt, sind es achtzig. Das Beste daran ist nur Mühsal und Beschwer, rasch geht es vorbei, wir fliegen dahin.

Und noch ein Lied, mal ohne Zorn, Schuld oder Sünde ...

Psalm 42: *(2) Wie der Hirsch lechzt nach frischem Wasser, so lechzt meine Seele, Gott, nach dir. (3) Meine Seele dürstet nach Gott, nach dem lebendigen Gott. Wann darf ich kommen und Gottes Antlitz schauen?*

Und in dem großartigen Versepos aus dem fünften vorchristlichen Jahrhundert »Hiob« wird am Ende der Unterschied von »glauben« und »erfahren« deutlich markiert. Der wohlhabende Hiob und seine Familie werden in unendliches Leid gestürzt, eine »Hiobsbotschaft« nach der anderen wird dem schwer erkrankten Patriarchen gemeldet. Und in dramatischen Streitgesprächen mit Freunden klagt er Gott an. Er habe dessen Gebote stets befolgt, und nun das! Um dem Epos die Brisanz des Verzweifelns an Gott zu nehmen, hat man in späteren Zeiten eine dreist-dumme Rahmenhandlung hinzugefügt. Sie umfasst die Kapitel 1, Vers 1 bis 2, Vers 10 und 42, Verse 7-17. Sie stellt das ganze Drama als Wette Satans mit Gott dar: Wird Hiob auch im Elend weiterhin treu an Gott festhalten?

Lässt man die Rahmenhandlung beiseite, heißt es zum Schluss:

Hiob, Kapitel 42: *(1) Da antwortete Hiob Gott und sprach: [...] (5) Vom Hörensagen nur hatte ich von dir vernommen; jetzt aber hat mein Auge dich geschaut. (6) Darum widerrufe ich und atme auf, in Staub und Asche.*

Texte von Jesus, dem Wanderprediger aus Nazareth

Es spricht manches dafür, dass Jesus tatsächlich ein Mensch war und keine Legende. Anders als zum Beispiel der chinesische Religionsgründer Laotse, von dem höchst fraglich ist, ob er überhaupt gelebt hat. Vom Moses des Alten Testaments gilt das übrigens ebenso. Mehr dazu später. Jesus wurde vermutlich um das Jahr drei vor der Zeitrechnung, also »vor Christus«, in Nazareth südlich des heutigen Libanon geboren. Nazareth ist ein kleiner Ort nahe dem See Genezareth, aus dem sich das kleine Flüsschen Jordan speist. Der angebliche Geburtsort Bethlehem ist nachweislich eine Geschichtskonstruktion der Evangelisten. Aber bring das einmal jemand den dortigen Priestern aus drei Konfessionen bei. Haben diese sich doch die sogenannte Geburtskirche in Bethlehem in Zuständigkeitsbereiche aufgeteilt, über die sie eifersüchtig wachen. Und täglich ziehen sie einen groteskfrommen Zirkus für gläubige Touristen auf.

Welche Ausbildung Jesus dort, im Norden Israels, in Galiläa, erfuhr, wissen wir nicht. Dass er Sohn der Maria und des Zimmermanns Josef war und mehrere Geschwister hatte, wird in den Evangelien erkennbar. Historisch ist sicher: Der ganze Landstrich von der Festung Masada am Südende des Toten Meeres bis an den Libanon war römisches Besatzungsgebiet. Die Bevölkerung sprach Aramäisch, eine Spätform des Hebräischen, und meist auch Griechisch, allerdings in der vulgär abgeschliffenen Form der »Koine«. Entsprechend stark war man vom sogenannten Hellenismus (Spätgriechentum) geprägt, mit Amphitheatern, Pferderennbahnen und Thermalbädern. Wie eigentlich ums ganze östliche Mittelmeer herum. Deshalb schrieben die Autoren des Neuen Testaments allesamt Griechisch. Und das geht letztlich zurück auf die Eroberungszüge eines jungen mazedonischen Königs und seiner Heerführer im vierten vorchristlichen Jahrhundert. Alexander der Große ist schuld, dass heute angehende Theologen erst einmal die tote altgriechische Sprache lernen müssen, um das Neue Testament im Urtext lesen zu können.

Jesus allerdings, als frommer Jude, scheint alles Griechische ignoriert zu haben. Er sprach Aramäisch und fiel durch zwei Symbolhandlungen auf: Sein engerer Kreis von Gefolgsleuten umfasste symbolisch zwölf sogenannte Jünger, entsprechend den zwölf alten Stämmen Israels, von denen das Alte Testament zwar ausführlich berichtet, die es zu seiner Zeit aber längst nicht mehr gab.

Und zweitens: Er legte sich symbolisch mit den Bankern im Zentralheiligtum an, dem Tempel von Jerusalem. Diese saßen dort an langen Wechseltischen und nahmen von den Leuten Geld entgegen, und zwar in allen Währungen des Orients. Als Gegenleistung veranlassten sie die Opferung von Tauben, Ziegenböcken oder Stieren im Tempel.

Das Geld »galt« als Opfer. Das Bankwesen, weiß man heute, entstand fast überall in den Tempeln. Die tatsächlichen Opferungen im Jerusalemer Tempel wurden von den Priestern vorgenommen, von denen es einige Tausend gab. Sie kauften die Tiere auf dem Markt und wurden dafür von den Bankern bezahlt. Mit Renditen natürlich. Geopfert wurde von morgens bis abends. Ständig lief dampfendes Blut eine abgedeckte Rinne am Tempel hinab – wie überall im Orient. Das Blut war den Juden heilig, es war der Sitz der Seele und gehörte Gott allein. Zumeist wurden nur Haut, Knochen und Innereien der Opfertiere auf den Altären verbrannt. Außer es war ein »Holocaust« bezahlt worden, also die Verbrennung eines ausgebluteten kompletten Tierkadavers. (Diesen religiösen Begriff hat man später für die Vernichtung der Juden in den Konzentrationslagern Nazideutschlands übernommen.) Für gewöhnlich aber ging das Fleisch des Schlachtopfers für gutes Geld in den Handel.

Jesus gefiel das offenbar nicht. Er wollte, dass im Tempel nur gebetet wurde. Geschäfte sollten draußen bleiben. Das hat er den Bankern ins Gesicht geschrien und dabei als symbolische Revolte ein paar ihrer Wechseltische umgestoßen. So etwas ärgerte etablierte Juden wie Römer; Statthalter Pilatus was not amused! Auch er bezog aus den Tempelgeschäften seine Provisionen.

Vor allem aber hatte dieser junge Mann Jesus auf seiner Wanderung von Galiläa nach Jerusalem in einer Weise von Gott gesprochen, die die Leute aufwühlte. Das ließ die schriftgelehrten Synagogenvorsteher und Priester um ihre Macht über das Volk fürchten. Wenn Gott nur liebte, und Ja sagte zu jedem Einzelnen, wie Jesus predigte, mein Gott, dann war ja nur noch Friede, Freude, Eierkuchen. Dann fürchtete niemand mehr diesen Gott. Auch die Kleriker waren not amused.

Nach nur einem Jahr öffentlichen Auftretens Jesu im Land und in Jerusalem hatten die Mächtigen die Nase voll. Ruck, zuck wurde ihm der Prozess gemacht; der römische Statthalter Pilatus und die jüdische Klerikerelite in Jerusalem waren sich rasch einig. Und ruck, zuck hing Jesus am Kreuz. Das war die übliche Todesstrafe für Schwerkriminelle und Aufrührer. Jesus war kaum älter als dreißig Jahre. Dass ein Statthalter namens Pilatus im nahe gelegenen Cesarea (am Meer) residierte, ist außerbiblisch eindeutig belegt. Ebenso, dass er während der auf zehn Jahre begrenzten Regentschaft als Statthalter Roms annähernd 5000 Juden wegen Aufruhrs oder anderer Schwerverbrechen am Kreuz hinrichten ließ. So what? Jesus war einer von ihnen. Er starb als Märtyrer.

Im Folgenden ein paar Texte aus den Evangelien, die die Forschung als echte Worte Jesu identifizieren konnte:

Von da an begann Jesus zu verkünden: **Das himmlische Reich Gottes** *ist nah (es steht auf der Schwelle des Hauses), kehrt um! (wendet euch ihm zu).*

Dieser Vers, zitiert nach dem Evangelium des Matthäus, Kapitel 4, gilt als die ureigene Botschaft des geschichtlichen Jesus. Er war um die dreißig Jahre alt, als er seine Wandertätigkeit in Galiläa im Norden Israels begann. Er glaubte daran, dass noch zu seinen Lebzeiten der Gott Israels sichtbar in Erscheinung treten und alles zum Guten wenden werde. Wer sich innerlich auf diesen Zustand schon einstellt, kann leben, als sei er schon da. Aus dieser Überzeugung hat Jesus versucht, seinen Landsleuten die Augen dafür zu öffnen, dass der eine und einzige Gott ganz und gar ein Gott der Liebe ist. Ein Ja ohne Nein!

Gern hat Jesus das immer wieder bei Gastmählern gepredigt, besonders bei Leuten, die als gottesferne Sünder galten. Die mit der römischen Besatzungsmacht zusammenarbeitenden Zollpächter zum Beispiel, dazu Huren und Gesindel. Und das oft bei gutem Essen und Wein. Deshalb stand er bei den Frommen und Gesitteten alsbald in dem Ruf, ein Mann in schlechter Gesellschaft zu sein. So heißt es beim Evangelisten Matthäus, **Urteil von Zeitzeugen über Jesus (Matthäusevangelium, Kapitel 11, Vers 19):** *Darauf sagen sie (die Leute): Dieser Fresser und Säufer, dieser Freund der Zöllner und Sünder.*

Dazu passt dann noch dieses zentrale Wort Jesu, **Verkehrte Welt, Jesus im Gespräch mit den Frommen:** *Da sagte Jesus zu ihnen: Zöllner (Kollaborateure) und Dirnen gelangen eher in das Reich Gottes als ihr (Matthäus, Kapitel 21, Vers 31).*

Und dennoch gilt für Jesus ganz besonders dieses Wort, das er aus dem Alten Testament zitiert (Matthäus, Kapitel 22, Verse 37-40), **Das Doppelgebot der Liebe:** *Jesus spricht: Du sollst [...] deinen Gott lieben, von ganzem Herzen, von ganzer Seele, und von ganzem Gemüt. Dies ist das wichtigste und erste Gebot. Ebenso wichtig ist das zweite: Du sollst deinen Nächsten lieben wie dich selbst. In diesen beiden Geboten hängt das ganze Gesetz samt den Propheten.*

Der Evangelist Matthäus verknüpft dieses Gebot am Ende seiner berühmten Bergpredigt (Kapitel 5 bis 7) mit der sogenannten Goldenen Regel (Kapitel 7, Vers 12). **Die goldene Regel:** *Alles, was ihr also von anderen erwartet, das tut auch ihnen! Darin besteht das Gesetz und die Propheten.* Diese Weisheitsregel kommt in fast allen Religionen unter deiner Sonne vor, guter Gott. Als Erster soll sie um 500 v. Chr. der chinesische Weise Konfuzius formuliert haben. Auf jeden Fall steht sie in den ihm zugeschriebenen Lehrgesprächen. Martin Luther hat den Vers einmal kurzerhand gereimt: Was du nicht willst, dass man dir tu, das füg auch keinem anderen zu! Das kann eigentlich jeder Mensch sofort verstehen. Schade, dass diese Regel so wenig befolgt wird.

Und natürlich gehört hierher auch das großartige Gleichnis vom verlorenen Sohn hin, das ebenso auf Jesus selbst zurückgeht wie manches andere schöne Gleichnis in den Evangelien, die alle erläutern sollen, dass Gott in Liebe auf den Einzelnen zugeht (Lukas, Kapitel 15). **Das Gleichnis vom verlorenen Sohn:** *(11) Weiter sagte Jesus: Ein Mann hatte zwei Söhne. (12) Der jüngere von ihnen sagte zu seinem Vater: Vater, gib mir das Erbteil, das mir zusteht. Da teilte der Vater das Vermögen auf.* [Das Erbteil schon zu Lebzeiten des Vaters zu fordern war erlaubt, galt aber als unschicklich.]

(13) Nach wenigen Tagen packte der jüngere Sohn alles zusammen und zog in ein fernes Land. Dort führte er ein zügelloses Leben und verschleuderte sein Vermögen. (14) Als er alles durchgebracht hatte, kam eine große Hungersnot über das Land, und es ging ihm sehr schlecht. (15) Da ging er zu einem Bürger des Landes und drängte sich ihm auf; der schickte ihn aufs Feld zum Schweinehüten. (16) Er hätte gern seinen Hunger mit den Futterschoten gestillt, die die Schweine fraßen; aber niemand gab ihm davon. (17) Da ging er in sich und sagte: Wie viele Tagelöhner meines Vaters haben mehr als genug zu essen, und ich komme hier vor Hunger um. (18) Ich will aufbrechen und zu meinem Vater gehen und zu ihm sagen: Vater, ich habe mich gegen den Himmel und gegen dich versündigt. (19) Ich bin nicht mehr wert, dein Sohn zu sein; mach mich zu einem deiner Tagelöhner.

(20) Dann brach er auf und ging zu seinem Vater. Der Vater sah ihn schon von Weitem kommen, und er hatte Mitleid mit ihm. Er lief dem Sohn entgegen, fiel ihm um den Hals und küsste ihn.

(21) Da sagte der Sohn: Vater, ich habe mich gegen den Himmel und gegen dich versündigt; ich bin nicht mehr wert, dein Sohn zu sein. [Am Schluss des Verses fügen manche Textzeugen hinzu:] *Mach mich zu einem deiner Tagelöhner.*

(22) Der Vater aber sagte zu seinen Knechten: Holt schnell das beste Gewand und zieht es ihm an, steckt ihm einen Ring an die Hand und zieht ihm Schuhe an. (23) Bringt das Mastkalb her und schlachtet es; wir wollen essen und fröhlich sein. (24) Denn mein Sohn war tot und lebt wieder; er war verloren und ist wiedergefunden worden. Und sie begannen, ein fröhliches Fest zu feiern.

(25) Sein älterer Sohn war unterdessen auf dem Feld. Als er heimging und in die Nähe des Hauses kam, hörte er Musik und Tanz. (26) Da rief er einen der Knechte und fragte, was das bedeuten solle. (27) Der Knecht antwortete: Dein Bruder ist gekommen, und dein Vater hat das Mastkalb schlachten lassen, weil er ihn heil und gesund wiederbekommen hat.

(28) Da wurde er zornig und wollte nicht hineingehen. Sein Vater aber kam heraus und redete ihm gut zu. (29) Doch er erwiderte dem Vater: So viele Jahre schon diene ich dir, und nie habe ich gegen deinen Willen gehandelt; mir aber hast du nie auch nur einen Ziegenbock geschenkt, damit ich mit meinen Freunden ein Fest feiern konnte. (30) Kaum aber ist der hier gekommen, dein Sohn, der dein Vermögen mit Dirnen durchgebracht hat, da hast du für ihn das Mastkalb geschlachtet. (31) Der Vater antwortete ihm: Mein Kind, du bist immer bei mir, und alles, was mein ist, ist auch dein. (32) Aber jetzt müssen wir uns doch freuen und ein Fest feiern; denn dein Bruder war tot und lebt wieder; er war verloren und ist wiedergefunden worden.

Als Letztes jener seltenen Worte und Sätze in den vier Evangelien, die mit hoher Wahrscheinlichkeit von Jesus selbst stammen (nach Kriterien, auf die ich noch eingehen werde), hier ein Zitat aus dem Lukasevangelium (Kapitel 15, Verse 1-10). Die Verse 1 und 2 sind deutlich als Situationsangabe des Evangelisten zu erkennen. Im eigentlichen Gleichnis will Jesus mit der für ihn typischen Zuspitzung verdeutlichen: Gott selbst sucht die (nach dem Gesetz des Moses) verlorenen Sünder, die »Abgetrennten«, er geht ihnen nach, fängt sie ein, birgt sie, holt sie zu sich in den Himmel. Und diese müssen sich nicht erst zur Umkehr entschließen. Im Gegensatz zu der von Lukas hinzugefügten Interpretation in Vers 7.

Gleichnis vom verlorenen Schaf: *(1) Alle Zöllner und Sünder kamen zu ihm, um ihn zu hören. (2) Die Pharisäer und die Schriftgelehrten empörten sich darüber und sagten: Er gibt sich mit Sündern ab und isst sogar mit ihnen.*

(3) Da erzählte er ihnen ein Gleichnis: (4) Wenn einer von euch hundert Schafe hat und eins davon verliert, lässt er dann nicht die neunundneun-

zig in der Steppe zurück und geht dem verlorenen nach, bis er es findet? (5) Und wenn er es gefunden hat, nimmt er es voll Freude auf die Schultern, (6) und wenn er nach Hause kommt, ruft er seine Freunde und Nachbarn zusammen und sagt zu ihnen: Freut euch mit mir; ich habe mein Schaf wiedergefunden, das verloren war.

(7) Ich sage euch: Ebenso wird auch im Himmel mehr Freude herrschen über einen einzigen Sünder, der umkehrt, als über neunundneunzig Gerechte, die es nicht nötig haben umzukehren.

Texte über Jesus Christus, den Gottessohn

Schon wenige Jahre nach der Hinrichtung am Schandkreuz der Römer wird Jesus von seinen schockierten Anhängern als »Messias« verklärt. Dieses hebräische Wort heißt so viel wie »der von Gott Gesalbte«. Man glaubte ja schließlich schon sehr bald nach Jesu Tod, dass du, Gott, ihn von den Toten auferweckt hast. Jesus selbst hatte sich zu seinen Lebzeiten energisch gegen jeden Titel verwahrt. Das ist aus der kritischen Analyse der Evangelien gut nachweisbar. Das griechische Wort für den hebräischen Messias-Titel lautet *Christos.* Diese Bezeichnung wurde späteren Generationen fast zum Familiennamen des Jesus von Nazareth. Fortan heißt er »Jesus Christus«.

Aber dabei blieb es nicht. Bald wurde der Christustitel um einen Begriff aus dem altisraelitischen Krönungsritual erweitert. Wir sind im Alten Testament: Zu dem vor ihm thronenden frisch *gesalbten* neuen König spricht Gott durch den Mund des Hohepriesters: »Ich will für dich Vater sein, und du wirst für mich Sohn sein.« Zum Beispiel im 2. Buch des Samuel, Kapitel 7. Das ist natürlich symbolisch gemeint, kann dabei aber auch fast schon mal physisch real klingen: Im 2. Psalm spricht Gott zu den mit Israel verfeindeten Königen: »Ich selber habe meinen König eingesetzt, auf Zion, meinem heiligen Berg. [Und ich habe ihm kundgetan:] Mein Sohn bist du. Heute habe ich dich gezeugt.« Auf Jesus Christus, den »Gesalbten« Gottes, wird nun also auch die Gottes-Sohnschaft übertragen. Und ein paar Jahrzehnte später wurde das dann auch real physisch verstanden. Jesus war durch den Heiligen Geist direkt im Bauch seiner Mutter Maria gezeugt worden. Das geschah somit ohne Zutun eines Mannes, anders als bei den sechs weiteren leiblichen Kindern, die Maria und Josef miteinander zeugten. Diese erwähnt zum Beispiel das Markusevangelium am Anfang des 6. Kapitels. Jesus ist jetzt schlicht vergottet worden, er wurde zu Gott gemacht.

Nun also, mein Gott, hast du diesen Jesus aus Nazareth ganz real gezeugt. Respekt. Für einen alten Mann mit Bart eine passable Leistung!

Aber Spaß beiseite. In vielen Religionen, guter Gott, sind dir ja schon Menschen-Zeugungen unterstellt worden. Wundertätige Halbgötter gab es viele unter der heißen Sonne des Orients. Der griechische Gottmensch Äskulap, Sohn des Apollon, ist in der Überlieferung der Christusfigur zum Verwechseln ähnlich. Beide waren wunderheilende Wanderprediger. Das Symbolzeichen Äskulaps, die sich um einen Stab windende Schlange, ziert noch heute Apotheken und Arztpraxen. Auch in Indien und in China gab es Gottmenschen zuhauf, Fleischwerdungen der Götter, Krishna, Rama, Murugan, Laotse, Madzu, um nur einige zu nennen. Nur bei Buddha soll es etwas anders gewesen sein. Bei ihm hat den Job ein weißer Elefant mit seinem Rüssel übernommen – eine schöne Legende.

Schlimm wird es nur, wenn solche Legenden für historische Realität genommen werden. Und das ist bei Jesus sehr schnell nach seinem Tod passiert. Er trägt im Neuen Testament nun viele »Hoheitstitel«, wie die Bibelforschung sie nennt. Keinen davon hatte Jesus selbst für sich beansprucht: Kyrios (Herr, Herrscher), Messias (der Gesalbte), Christus (lateinische Form von »der Gesalbte«) und, am folgenreichsten: Sohn Gottes. Dass Jesus sich selbst als »Menschensohn« bezeichnet hat, ist unter Textforschern strittig, mit guten Argumenten auf beiden Seiten. Außerdem weiß niemand wirklich, was diese Bezeichnung aus dem alttestamentlichen Buch Daniel eigentlich bedeuten sollte.

Die Evangelien-Texte, in denen Jesus einen Hoheitstitel trägt oder beansprucht, gehen nicht auf ihn selbst zurück. Mit diesen Titeln soll

– auf eine uns heute kompliziert und fremd klingende Weise – gedeutet, interpretiert werden, wer Jesus für die Nachwelt war.

Zeugnis Johannes des Täufers: *Am Tag darauf sah er Jesus auf sich zukommen und sagte: Seht, das Lamm Gottes, das die Sünde der Welt hinwegnimmt [...] (32) Und Johannes bezeugte: Ich sah, dass der Geist vom Himmel herabkam wie eine Taube und auf ihm blieb. (33) Auch ich kannte ihn nicht; aber Gott, der mich gesandt hat, mit Wasser zu taufen, er hat mir gesagt: Auf wen du den Geist herabkommen siehst und auf wem er bleibt, der ist es, der mit dem Heiligen Geist tauft. (34) Das habe ich gesehen und ich bezeuge: Er ist der Sohn Gottes* (Johannes, Kapitel 1, Vers 29).

Warum Christus in die Welt kommen musste: *(14) Und wie Mose die Schlange in der Wüste erhöht hat, so muss der Menschensohn erhöht werden, (15) damit jeder, der [an ihn] glaubt, in ihm das ewige Leben hat. (16) Denn Gott hat die Welt so sehr geliebt, dass er seinen einzigen Sohn hingab, damit jeder, der an ihn glaubt, nicht zugrunde geht, sondern das ewige Leben hat.*

(17) Denn Gott hat seinen Sohn nicht in die Welt gesandt, damit er die Welt richtet, sondern damit die Welt durch ihn gerettet wird. (18) Wer an ihn glaubt, wird nicht gerichtet; wer nicht glaubt, ist schon gerichtet, weil er an den Namen des einzigen Sohnes Gottes nicht geglaubt hat (Johannes, Kapitel 3, Verse 14-18).

Im Folgenden geht es um das wichtigste und auch bekannteste Ritual der christlichen Kirchen, das »Abendmahl«, oder, katholisch, die »Eucharistie-Feier«. Bei Lukas und zuvor schon bei Paulus gilt das Abendmahl als Stiftung des »Neuen Bundes« Gottes mit den Menschen. Der frühere, im Alten Testament durch die Vermittlung Mose geschlossene Bund hat durch den (unterstellten) Opfertod Jesu am Kreuz eine neue Grundlage bekommen. Das lateinische Wort für einen solchen Bund heißt »Testamentum«. Deswegen sprechen wir heute vom Alten und Neuen Testament in der Bibel.

Das Abendmahl: *(14) Als die Stunde gekommen war, begab er sich mit den Aposteln zu Tisch. (15) Und er sagte zu ihnen: Ich habe mich sehr da-*

nach gesehnt, vor meinem Leiden dieses Paschamahl mit euch zu essen. (16) Denn ich sage euch: Ich werde es nicht mehr essen, bis das Mahl seine Erfüllung findet im Reich Gottes.

(19) Und er nahm Brot, sprach das Dankgebet, brach das Brot und reichte es ihnen mit den Worten: Das ist mein Leib, der für euch hingegeben wird. Tut dies zu meinem Gedächtnis!

(20) Ebenso nahm er nach dem Mahl den Kelch und sagte: Dieser Kelch ist der Neue Bund in meinem Blut, das für euch vergossen wird (Lukas, Kapitel 22, Verse 14-20).

Wissenschaftliche Bibelforscher sind sich weithin einig: Dieser Text kann erst nach dem Tod Jesu entstanden sein. Zu eben der Zeit, als die ersten Jesus-Anhänger überzeugt waren: Gott hat diesen Jesus von den Toten auferweckt. Die Worte sind eindeutig aus der Rückschau gesprochen. Jesus kann sie so nicht gesagt haben. Aber jeder Pfarrer im Gottesdienst muss sie heute noch so nachsprechen. An den sogenannten Einsetzungsworten darf liturgisch nicht gerüttelt werden, bei Strafe der Suspendierung vom Dienst.

Kannibalismus pur – Fleischessen und Bluttrinken bei Johannes: *(52) Da stritten sich die Juden und sagten: Wie kann er uns sein Fleisch zu essen geben? (53) Jesus sagte zu ihnen: Amen, das sage ich euch: Wenn ihr das Fleisch des Menschensohnes nicht esst und sein Blut nicht trinkt, habt ihr das Leben nicht in euch. (54) Wer mein Fleisch isst und mein Blut trinkt, hat das ewige Leben, und ich werde ihn auferwecken am Letzten Tag. (55) Denn mein Fleisch ist wirklich eine Speise, und mein Blut ist wirklich ein Trank. (56) Wer mein Fleisch isst und mein Blut trinkt, der bleibt in mir und ich bleibe in ihm. (57) Wie mich der lebendige Vater gesandt hat und wie ich durch den Vater lebe, so wird jeder, der mich isst, durch mich leben* (Johannes, Kapitel 6, Verse 52 bis 57).

Kannibalismus? Diese Passage wurde allerdings von unbekannter Hand lange nach dem Ableben des Autors in dessen Evangelium eingefügt. Da sind sich kritische Bibelforscher einig. Unter anderem, weil Johannes der einzige Evangelist ist, bei dem das Abendmahl Jesu gar nicht vorkommt, der stattdessen das Ritual der Fußwaschung etablieren wollte.

Einen Gott-Menschen aufessen und sein Blut trinken. So etwas kommt in inhaltlichen Variationen in vielen Religionen vor, vor allem in den antiken Mysterienkulten. Bei frommen Juden indes war der Gedanke, Blut zu trinken, seit Anbeginn ihrer Religion undenkbar, gotteslästerlich geradezu. Das Blut bei jeder Schlachtung gehörte nur Gott, es enthält die Seele der Lebewesen. Deswegen müssen Schlachttiere vollkommen ausbluten – wie bei Muslimen auch. Vom Abendmahl spricht die heutige Kirchenlehre als von einem symbolischen Akt, bei dem sich aber die Gegenwart Christi real ereignet.

Wie Paulus Christ wurde: *(1) Saulus wütete immer noch mit Drohung und Mord gegen die Jünger des Herrn. Er ging zum Hohenpriester (2) und erbat sich von ihm Briefe an die Synagogen in Damaskus, um die Anhänger des (neuen) Weges, Männer und Frauen, die er dort finde, zu fesseln und nach Jerusalem zu bringen. (3) Unterwegs aber, als er sich bereits Damaskus näherte, geschah es, dass ihn plötzlich ein Licht vom Himmel umstrahlte. (4) Er stürzte zu Boden und hörte, wie eine Stimme zu ihm sagte: Saul, Saul, warum verfolgst du mich? (5) Er antwortete: Wer bist du, Herr? Dieser sagte: Ich bin Jesus, den du verfolgst. (6) Steh auf und geh in die Stadt; dort wird dir gesagt werden, was du tun sollst. (7) Seine Begleiter standen sprachlos da; sie hörten zwar die Stimme, sahen aber niemanden. (8) Saulus erhob sich vom Boden. Als er aber die Augen öffnete, sah er nichts. Sie nahmen ihn bei der Hand und führten ihn nach Damaskus hinein. (9) Und er war drei Tage blind und er aß nicht und trank nicht.*

(10) In Damaskus lebte ein Jünger namens Hananias. Zu ihm sagte der Herr in einer Vision: Hananias! Er antwortete: Hier bin ich, Herr. (11) Der Herr sagte zu ihm: Steh auf und geh zur sogenannten Geraden Straße und frag im Haus des Judas nach einem Mann namens Saulus aus Tarsus. Er betet gerade (12) und hat in einer Vision gesehen, wie ein Mann namens Hananias hereinkommt und ihm die Hände auflegt, damit er wieder sieht. (13) Hananias antwortete: Herr, ich habe von vielen gehört,

wie viel Böses dieser Mann deinen Heiligen in Jerusalem angetan hat. (14) Auch hier hat er Vollmacht von den Hohenpriestern, alle zu verhaften, die deinen Namen anrufen. (15) Der Herr aber sprach zu ihm: Geh nur! Denn dieser Mann ist mein auserwähltes Werkzeug: Er soll meinen Namen vor Völker und Könige und die Söhne Israels tragen. (16) Ich werde ihm auch zeigen, wie viel er für meinen Namen leiden muss.

(17) Da ging Hananias hin und trat in das Haus ein; er legte Saulus die Hände auf und sagte: Bruder Saul, der Herr hat mich gesandt, Jesus, der dir auf dem Weg hierher erschienen ist; du sollst wieder sehen und mit dem Heiligen Geist erfüllt werden. (18) Sofort fiel es wie Schuppen von seinen Augen und er sah wieder; er stand auf und ließ sich taufen. (19) Und nachdem er etwas gegessen hatte, kam er wieder zu Kräften. Einige Tage blieb er bei den Jüngern in Damaskus; (20) und sogleich verkündete er Jesus in den Synagogen und sagte: Er ist der Sohn Gottes. (21) Alle, die es hörten, gerieten in Aufregung und sagten: Ist das nicht der Mann, der in Jerusalem alle vernichten wollte, die diesen Namen anrufen? (Apostelgeschichte, Kapitel 9).

Im Neuen Testament werden dem bekehrten Paulus dreizehn Briefe zugeschrieben. Sechs von ihnen hat die kritische Bibelforschung heute als echt erkannt, als tatsächlich von ein und demselben Autor geschrieben, von Paulus. Dieser hatte innerhalb von zehn Jahren auf drei langen Missionsreisen durch Syrien, die heutige Türkei und Griechenland viele christliche Gemeinden gegründet. In dem Jahrzehnt zwischen 50 und 60 hat er von unterwegs einzelnen dieser Gemeinden Briefe geschrieben. Sechs von ihnen sind überliefert. Eines dieser Schreiben, der 2. Brief an die Gemeinde in Korinth, besteht in der überlieferten Form aus fünf ineinandergeschobenen Einzelbriefen. Das erklärt die oft sprunghafte Gedankenführung.

Von den unzähligen Themen, die der »eigentliche Gründer des Christentums« (Gerd Lüdemann) in seinen Briefen erörtert, sollen im Folgenden drei vorgestellt werden:

Die Ur-Schuld der Menschen und der Tod: *(12) Durch einen einzigen Menschen kam die Sünde in die Welt und durch die Sünde der Tod, und* *auf diese Weise gelangte der Tod zu allen Menschen, weil alle sündigten. (13) Sünde war schon vor dem Gesetz (des Mose) in der Welt, aber Sünde wird nicht angerechnet, wo es kein Gesetz gibt; (14) dennoch herrschte der Tod von Adam bis Mose auch über die, welche nicht wie Adam durch Übertreten eines Gebots gesündigt hatten; Adam aber ist die Gestalt, die auf den Kommenden hinweist. (15) Doch anders als mit der Übertretung verhält es sich mit der Gnade; sind durch die Übertretung des einen (Adam) die vielen dem Tod anheimgefallen, so ist erst recht die Gnade Gottes und die Gabe, die durch die Gnadentat des einen Menschen Jesus Christus bewirkt worden ist, den vielen reichlich zuteil geworden.*

(18) Wie es also durch die Übertretung eines Einzigen für alle Menschen zur Verurteilung kam, so wird es auch durch die gerechte Tat eines Einzigen für alle Menschen zur Gerechtsprechung kommen, die Leben gibt. (19) Wie durch den Ungehorsam des einen Menschen die vielen zu Sündern wurden, so werden auch durch den Gehorsam des einen die vielen zu Gerechten gemacht werden (Römerbrief, Kapitel 5, Verse 12-19).

Ein komplizierter Text wie so vieles bei Paulus! Durch Adams Ungehorsam, damals im Paradies, als er in den Apfel vom verbotenen Baum der Erkenntnis biss, ist der Tod in die Welt gekommen, sagt Paulus. Ebenso: die Sünde! Die versteht er als eine überpersönliche Macht, der sich der einzelne Mensch nicht zu entziehen vermag, obwohl er gleichzeitig für sein Tun mitverantwortlich ist.

Die Liebe Gottes – ein Hymnus des Paulus: *(38) Denn ich bin gewiss: Weder Tod noch Leben, weder Engel noch Mächte, weder Gegenwärtiges noch Zukünftiges, weder Gewalten der Höhe oder Tiefe noch irgendeine andere Kreatur können uns scheiden von der Liebe Gottes, die in Christus Jesus ist, unserem Herrn* (Römerbrief, Kapitel 8, Vers 38).

Hätte Paulus aufgehört hinter »Liebe Gottes«, ich könnte jede Zeile aus ganzem Herzen mitsprechen. Das gilt! Warum es aber nur gelten soll, weil der Mittler Christus dazwischen kam? Jesus hatte die Menschen noch in ein direktes, ein unmittelbares Verhältnis zu Gott gerufen. Warum es nicht dabei bleiben konnte? – Ich glaube, nur du, Gott, weißt, was wirklich in den Seelen derer vorging, die das Neue Testament geschrieben haben. Keiner von ihnen hatte Jesus noch selbst gekannt, aber missverstanden haben sie ihn wie die Weltmeister.

Paulus: Sterben heißt verwandelt werden: *(42) So ist es auch mit der Auferstehung der Toten. Was gesät wird, ist verweslich, was auferweckt wird, unverweslich. (43) Was gesät wird, ist armselig, was auferweckt wird, herrlich. Was gesät wird, ist schwach, was auferweckt wird, ist stark. (44) Gesät wird ein irdischer Leib, auferweckt ein überirdischer Leib. Wenn es einen irdischen Leib gibt, gibt es auch einen überirdischen (wörtlich: einen pneumatischen) Leib [...] (47) Der Erste Mensch stammt von der Erde und ist Erde; der Zweite Mensch (der Künftige) stammt vom Himmel [...] (50) Damit will ich sagen, Brüder: Fleisch und Blut können das Reich Gottes nicht erben; das Vergängliche erbt nicht das Unvergängliche.*

(51) Seht, ich enthülle euch ein Geheimnis: Wir werden nicht alle entschlafen, aber wir werden alle verwandelt werden, (52) plötzlich, in einem Augenblick (1. Korintherbrief, Kapitel 15, Verse 42 bis 52).

»Wir werden nicht alle entschlafen« ... Wie Jesus ging auch Paulus davon aus, dass Gott noch zu seinen Lebzeiten sichtbar erscheinen werde, mit Pauken und Trompeten sozusagen. Bei späteren Autoren des Neuen Testaments hat sich diese sogenannte Nah-Erwartung dann immer mehr abgeschwächt. Es ist halt nichts passiert, Generation für Generation ist weggestorben, und das Reich Gottes ließ auf sich warten.

Der unechte Missionsbefehl an die Jünger: *(16) Die elf Jünger gingen nach Galiläa auf den Berg, den Jesus ihnen genannt hatte. (17) Und als sie Jesus sahen, fielen sie vor ihm nieder. Einige aber hatten Zweifel. (18) Da trat Jesus auf sie zu und sagte zu ihnen: Mir ist alle Macht gegeben im Himmel und auf der Erde. (19) Darum geht zu allen Völkern und macht alle Menschen zu meinen Jüngern; tauft sie auf den Namen des Vaters und des Sohnes und des Heiligen Geistes, (20) und lehrt sie, alles zu befolgen, was ich euch geboten habe. Seid gewiss: Ich bin bei euch alle Tage bis zum Ende der Welt* (Matthäus, Kapitel 28, Verse 16-20). Martin Luther nennt die Stelle »Matthei am Letzten«.

Das ist ein starkes Stück! Die sogenannte Dreifaltigkeitslehre (Trinität) ist in der Kirche erst Jahrhunderte nach Matthäus entstanden, der um das Jahr 85 schrieb. Sie ist dem Evangelium angefügt worden und beileibe nicht in allen Abschriften zu finden. Der Text spiegelt die Missionssituation der frühen Christengemeinden und den Streit mit den Juden wider. Auch der absolutistische Machtanspruch, den die Kirchenoberen als vermeintliche Vertreter Christi unter anderem aus Vers 8 dieses Textes ableiten, wäre zur Zeit des Evangelisten noch undenkbar gewesen.

Wie der Heilige Geist in die Welt kam: *(1) Als der Pfingsttag gekommen war, befanden sich alle am gleichen Ort. (2) Da kam plötzlich vom Himmel her ein Brausen, wie wenn ein heftiger Sturm daherfährt, und erfüllte das ganze Haus, in dem sie waren. (3) Und es erschienen ihnen Zungen wie von Feuer, die sich verteilten; auf jeden von ihnen ließ sich eine nieder. (4) Alle wurden mit dem Heiligen Geist erfüllt und begannen, in fremden Sprachen zu reden, wie es der Geist ihnen eingab.*

(5) In Jerusalem wohnten Juden, fromme Männer aus allen Völkern unter dem Himmel. (6) Als sich das Getöse erhob, strömte die Menge zusammen und war ganz bestürzt; denn jeder hörte sie in seiner Sprache reden. (7) Sie gerieten außer sich vor Staunen und sagten: Sind das nicht alles Galiläer, die hier reden?

(8) Wieso kann sie jeder von uns in seiner Muttersprache hören: (9) Parther, Meder und Elamiter, Bewohner von Mesopotamien, Judäa und Kappadozien, von Pontus und der Provinz Asien, (10) von Phrygien und Pamphylien, von Ägypten und dem Gebiet Libyens nach Zyrene hin, auch die Römer, die sich hier aufhalten, (11) Juden und Proselyten, Kreter und Araber, wir hören sie in unseren Sprachen Gottes große Taten verkünden.

(12) Alle gerieten außer sich und waren ratlos. Die einen sagten zueinander: Was hat das zu bedeuten? (13) Andere aber spotteten: Sie sind vom süßen Wein betrunken (Apostelgeschichte, Kapitel 2, Verse 1-13).

Der Heilige Geist, wer immer das ist, mein guter Gott, bei der Entstehung der Bibel hat er keine glückliche Hand gehabt. Er soll die Autoren ja angeblich inspiriert haben. Das ist aber gründlich schiefgegangen. Du kennst ja alle Sprachen der Welt, hörst dir ja ständig Gebete darin an, also wird es dir auch nicht schwergefallen sein, dieses Buch in seinen beiden Ursprachen gelesen zu haben. Ich kann mir gut vorstellen, wie oft du dich dabei an den Kopf gefasst hast.

Ich weiß, das gilt ebenso für die Heiligen Bücher der anderen Religionen, die indischen Veden und Upanischaden, den buddhistischen »Dreikorb«, die Lehrreden der chinesischen Religionsgründer Konfuzius und Laotse, den Koran der Muslime. Alle diese Schriften sind unglaublich oft umgeschrieben und überarbeitet worden. Vielfach wurden sie gegen den Strich gebürstet, regelrecht manipuliert. Nach außen sieht das stets aus wie »aus einem Guss«. Und natürlich wie die reine Wahrheit, neben der es keine weitere gibt.

Als Einzige dieser heiligen Schriften ist die Bibel in einem 200-jährigen Prozess im Zuge der Aufklärung Silbe für Silbe wissenschaftlich analysiert worden. Und zwar nach allen Regeln der Kunst:

- Abgleichen der alten Abschriften sowohl der hebräischen Texte als auch der griechischen. Zum Teil wurden auch noch frühchristliche lateinische Bibeltext-Abschriften herangezogen;
- Untersuchungen der inhaltlichen oder grammatikalischen Bruchlinien in den Texten. Dort darf man Überarbeitung, zumindest Redaktion vermuten;
- Überprüfung der geschilderten historischen Ereignisse. Das geschieht anhand außerbiblischer Schriftzeugnisse und archäologischer Untersuchungen;
- Befragung sozialer Hintergründe der Entstehungszeiten biblischer Schriften;
- religionswissenschaftliche Untersuchung der mythischen Texte. Das geschieht im Vergleich mit den Mythen anderer Kulturen, besonders mit jenen der alten Ägypter, Assyrer, Babylonier und Griechen;
- religionspsychologische Durchdringung der Texte;
- sprachwissenschaftliche Analyse.

Den Heiligen Schriften der anderen Religionen stehen solche historisch-kritischen Analysen noch bevor. Sie werden kommen und im

Ergebnis so schmerzhaft sein wie im Christentum. Aber aus den Trümmern solcher Erkenntnisse wird sich die Chance für einen schöpferischen Dialog der Religionen ergeben. Mystik wird dann rasch als das einigende Band sichtbar.

Auf absehbare Zeit allerdings steht das Christentum mit seinem biblischen Trümmerhaufen ziemlich allein da. In wenigen Sätzen zusammengefasst: Unter der angeblichen Regie des Heiligen Geistes ist ein Buch randvoll mit ideologischer Geschichtsklitterung entstanden. Geschrieben haben es die jeweiligen Sieger machtvoller religiöser Auseinandersetzungen. Jene also, die die geistliche Deutungshoheit errungen haben. Dazwischen gibt es ein paar Perlen spiritueller Erfahrungen und des Hineintastens in das Mysterium unserer Existenz. Ab und zu kommst du da doch auch mal sozusagen authentisch rüber, guter Gott. Für mich jedenfalls.

Ich möchte im nun Folgenden versuchen, im Gespräch mit dir zu klären, warum uns die Autoren der Bibel so oft hinter die Fichte führen, warum sie uns so viel vormachen, was nicht der Wahrheit entspricht. Das Heilige Buch der Christenheit – in seinen geschichtlichen Passagen lügt es wie gedruckt. Aber das wusstest du ja schon, lange bevor die historisch-kritische Bibelforschung es nachweisen konnte.

Die Botschaft der Tonkrüge aus der Wüste

Wer die Bibel historisch hinterfragen will, benötigt zunächst eine verlässliche Textfassung. Diese muss mit einiger Sicherheit an die Urschrift der jeweiligen Autoren oder ihrer Redakteure herankommen. Von den heute vorliegenden hebräischen und griechischen Textausgaben der Bibel kann man das durchaus behaupten. Als Schriftdokument ist die Bibel in ihren Ursprachen gut belegt. Besser als die Bücher von Aristoteles und Plato zum Beispiel. Originale Handschriften sind ohnehin von keinem Autor der Antike bekannt. Aber allein für das Neue Testament hat man heute über 5000 Abschriften aus den frühen christlichen Jahrhunderten abgleichen können. Oft sind es allerdings nur Teilstücke der Evangelien oder Briefe. Das beste Stück: Der *Codex Vaticanus,* eine vollständige griechische Abschrift aller neutestamentlichen Texte, entstanden im 4. Jahrhundert. Damit reicht der Codex um gut 250 Jahre an die Entstehung der Urschriften heran. Paulus, die Evangelisten und die übrigen Autoren des Neuen Testaments schrieben zwischen den Jahren 50 und 110.

Anfang der 1950er-Jahre gab es unter Textforschern einen Paukenschlag. Zwei Bauern hatten in der Nähe des oberägyptischen Dorfes Nag Hammadi einen hohen Tonkrug aus dem Wüstensand gebuddelt. Der Inhalt: gut erhaltene Papyrus-Rollen mit insgesamt 47 unterschiedlichen Büchern. Auf abenteuerlichen Wegen gelangten die Texte nach Jahren erst in die Hände von Experten. Es stellte sich heraus: Die Dokumente stammten aus dem vierten Jahrhundert und waren Übersetzungen griechischer Handschriften in die koptische Sprache. Die Vorlagen selbst stammten aus dem 2. Jahrhundert.

Heute ist man sicher: Versteckt hatte die Schriften ein Mönch aus einem nahen, seit Langem untergegangenen Kloster. Der Grund: Sein Bischof im fernen Alexandria, Athanasius, hatte für alle Klöster angeordnet, häretische Schriften aus den Bibliotheken auszusondern und zu verbrennen. Unserem Mönch ging das offenbar zu weit. Er verbrannte die Schriften nicht, er vergrub sie. Das war um das Jahr 350 n. Chr.

Und so haben wir heute eine Sammlung von Schriften, die zumeist alle um das Neue Testament herum entstanden sind. Unter ihnen auch ein komplettes, bis dahin nur aus wenigen Zitaten bekanntes Evangelium. Es wird betitelt als »Evangelium nach Thomas«, dem Jünger, und enthält 113 dem Jesus von Nazareth zugeschriebene Aussprüche. Einige von diesen kommen auch in den vier Evangelien des Neuen Testaments vor.

Dennoch: Alle diese Nag-Hammadi-Texte waren in einem anderen Geist geschrieben als das Neue Testament. Die damalige Kirche hatte diesen Geist als »gnostisch« verurteilt und seine Anhänger zu Sektierern und Häretikern erklärt. Die Gnosis war aber platonisch-christliche Mystik. Bis zur Entdeckung der Nag-Hammadi-Texte waren nur wenige knappe Zitate aus gnostischen »Ketzer-Schriften« bekannt.

Jetzt lagen viele dieser verketzerten Schriften in koptischer Übersetzung vor. Und die Nachwelt musste zu dem Schluss gelangen: Dies ist die Literatur der Unterlegenen in einer harten innerchristlichen Auseinandersetzung des 2. Jahrhunderts. Damals hätte nicht viel gefehlt – so wissen wir seit Langem aus der Kirchengeschichte –, und die Gnosis hätte die Oberhand gewonnen. Durchgesetzt hat sich am Ende ein »westliches« Christentum, das die Gottheit Jesu betonte. In den nahöstlichen Regionen ist dagegen bis heute ein Christentum lebendig, das die menschliche Natur des Mannes aus Nazareth in den Vordergrund stellt (und den Christen-Gott oft Allah nennt). Es war ein gewaltiger Kampf mit Konzilien, Verketzerungen, Verbannungen und Abspaltungen. Deine Christen waren eben von Anfang an lebensgefährliche Streithammel, mein guter Gott. Unsere Religion ist in Blut gebadet. Und das Bücherverbrennen kannten die Christen schon lange vor den Nazis. Den gelben Stern zum Brandmarken von Juden übrigens auch.

Auch im Blick auf das Alte Testament waren es Schriften einer religiösen Widerstandsgruppe, die die Textforschung auf Trab brachten. Die sogenannten Essener lehnten das etablierte Judentum im Jerusalem des 1. Jahrhunderts vor der christlichen Zeitrechnung ab. Einige gründeten am Nordende des Toten Meeres eine Art Kloster. Qumran hieß der Ort. Das Kloster hatte unter anderem eine gut gehende Werkstatt zur Fertigung von Textabschriften auf Tierhäuten (Pergamente). Einige Hundert Schreiber waren dort tätig. Sie kopierten alles, was an spätjüdischen Schriften im Umlauf war, auch Texte aus dem Alten Testament, das damals nur »Das Gesetz und die Propheten« hieß. Vom Verkauf der Abschriften lebten sie.

Im jüdisch-römischen Krieg, der 70 n. Chr. mit der Zerstörung des Tempels in Jerusalem endete, mussten auch die Essener um ihr Kloster fürchten. Es war vor römischen Truppen nicht sicher. Als Erstes lagerte man fertiggestellte Abschriften aus. Man füllte sie in hohe Tonkrüge und versteckte diese in mehreren Höhlen in den Steilhängen am Toten Meer. Es kam, wie es kommen musste: Das Kloster wurde zerstört, die ausgelagerten Schriften gerieten in Vergessenheit.

Fast 1900 Jahre später: Hirtenjungen am Toten Meer steigen einer Ziege nach und entdecken Tonkrüge. Das war 1947. Innerhalb der folgenden zehn Jahre hat man in neun anderen Höhlen in weiteren Tonkrügen insgesamt etwa 850 Rollen aus dem antiken Judentum gefunden. Unter diesen waren 200 Texte aus dem Alten Testament. Die bittere Pille in den sensationellen Funden: Die Pergamente und Papyri waren in fast 15 000 Fragmente zersplittert. Heute sind die »Qumran-Schriften« alle wieder zusammengesetzt, textkritisch und inhaltlich ausgewertet und in einem wunderschönen eigenen Museum in Jerusalem ausgestellt.

Die rund 200 Texte aus dem Alten Testament, die sich unter den rekonstruierten Schriften befinden, haben im Abgleich mit hebräischen Abschriften aus dem frühen Mittelalter auf erstaunliche Weise belegt: Auch das Alte Testament weist als Schriftdokument keine inhaltlich grob sinnverändernden Textabweichungen auf. Pro Seite ein bis zwei Dutzend im Detail konkurrierende Lesarten, – das ist alles. Anders zum Beispiel als im Koran, dessen alte Abschriften in einigen Fällen inhaltlich weit auseinandergehende Textteile enthielten, sodass man 1923 in Kairo *par ordre du mufti* eine Fassung des Koran als die historisch echte »endgültig« festsetzen musste.

Warum die Bibel uns ständig etwas vormacht

Textkritik ist das eine, die Frage also, wie die biblischen Schriftdokumente überliefert sind. Die literarkritische Analyse der Texte ist das andere. Die Frage nämlich, wie die Texte entstanden sind, wann sie geschrieben wurden, wer der Autor war, ob und wie sie bearbeitet wurden. Das ist das kompliziertere Verfahren. Und das im Ergebnis brisantere.

Denn heute ist schlicht alles in sich zusammengefallen, was die Christenheit beinahe 2000 Jahre lang an ihrer Bibel für selbstverständlich gehalten hat. Über 200 Jahre kritischer Forschung an diesem Buch haben ganze Theologengenerationen ernüchtert. Ganz leise in mir drin, mein guter Gott, bin ich immer noch ein wenig fassungslos über die Ergebnisse dieser Forschung. Ich bin schließlich mit der Bibel aufgewachsen und habe viele ihrer Geschichten verinnerlicht.

Und heute scheint festzustehen: Noch nicht einmal der »Auszug des Volkes Israel aus Ägypten« entspricht geografischen und literarischen Tatsachen. Es hat ihn höchstwahrscheinlich nicht gegeben. Das ganze Theater in den fünf Büchern Mose hat sich jemand einfach so ausgedacht? Kein Mose, der die Israeliten aus der Versklavung in Ägypten herausführen sollte? Nix da: Let my people go? Und all die Plagen, die du dem armen Pharao um die Ohren schlägst, guter Gott? (Diejenige mit den Fröschen hat mir immer am besten gefallen.) Von wegen, vierzig Jahre durch den Sinai ziehen, die Gesetzestafeln mit den Zehn Geboten dort oben auf dem Berg abholen, unten tanzen sie derweil ums Goldene Kalb? Und dann diese fürchterlichen Gemetzel beim Einmarsch der 600 000 (!) israelitischen Männer (diese Zahl steht wörtlich da) in Kanaan. Alles Fiktion? Die Bibel hat also offenbar doch nicht recht. Die Israeliten waren ursprünglich selbst Kanaanäer? Ich glaub, ich spinne.

Aber als historisch-kritisch geschulter Theologe kann ich gut nachvollziehen, was die Fachleute herausgefunden haben. Dazu lernen wir Theologen schließlich Hebräisch. Dann kann man in den Seminaren zum Alten Testament wenigsten an zwei, drei Stellen dieses Buches konkret selbst erkennen: So ist die Bibel entstanden. In den Seminaren zum Neuen Testament spielt sich dasselbe in griechischer Sprache ab. Da muss heute jeder hindurch, der an einer Universität Theologie studiert. Und: Keine Sorge. Die kirchliche Glaubenslehre hat immer ein paar Hilfsbrücken parat, wie sich die ernüchternden Ergebnisse der Bibelforschung glaubensmäßig wieder überwinden lassen. Ich bin nie über eine solche Hilfsbrücke gegangen. Meistens führen sie in theologische Luftschlösser.

Auf jeden Fall kann ich die Erkenntnisse der Gelehrten in puncto Bibelkritik gut nachvollziehen: Wie die Texte in den fünf Büchern Mose zum Beispiel aus zunächst mündlich überlieferten Mythen, Legenden, Märchen, Erzählungen, Gesetzessammlungen und Weisheitslehren zusammengewachsen sind, wie dann erste schriftliche Fassungen vorlagen, wie diese miteinander verwoben wurden, aus immer neuen Interessenlagen heraus umgedeutet, überarbeitet oder verschlimmbessert wurden.

Die letzte große Überarbeitung geschah um das Jahr 530 v. Chr. Damals war die Oberschicht des früheren Königreiches Judäa aus einer fünfzigjährigen Verbannung in Babylon nach Jerusalem zurückgekehrt. Zum Teil waren es auch schon die Nachkommen dieser Oberschicht. Angeführt wurden sie von dem Politkommissar Nehemia, den die neue persische Oberhoheit eingesetzt hatte. Er sollte das fünfzig Jahre zuvor von den Babyloniern zerstörte Jerusalem wieder aufbauen als Hauptstadt eines neuen Judäa. Als Erstes ließ er die bis dahin bekannte biblische Überlieferung ideologisch vereinheitlichen. Motto: Alles Schreckliche, was den beiden Königreichen Israel und Judäa in den zurückliegenden Jahrhunderten an Eroberungen und Zerstörungen widerfahren ist, war Strafe Gottes (Jahves). Wofür? Dafür, dass man immer wieder fremden Göttern gedient hatte und nicht Jahve allein.

Es waren Priester und Schriftgelehrte, die diese Umarbeitung in wenigen Jahren bewerkstelligt haben. Und sie waren gut. Sie haben die Überlieferung nicht nur auf Linie gebracht. Sie haben viele alte Texte ausgeschmückt und ausgesponnen. Schriftstellerisch eine enorme Leistung. Passagenweise hohe Dichtkunst! Die Texte über David und Salomo zum Beispiel. Man war ja schließlich in den langen Jahren des Exils mit der Religion und Kultur der Babylonier konfrontiert gewesen. Das spiegelt sich in der Neubearbeitung der biblischen Bücher wider. So ist auch der zweite Schöpfungsbericht in die Bibel gekommen, der dem älteren einfach vorangestellt wurde. Nachzulesen in den ersten beiden Kapiteln der Bibel. Am Ende gab's dann noch ein Etikett auf die frisch redigierten fünf gewaltigen Bücher am Anfang des Alten Testaments: Moses. Das ist der Name, der dieses Werk zusammenhält. Die jüdische Religion nennt das »Fünfbuch Mose« seither die Thora. Moses selbst ist aber historisch gar nicht mehr zu orten. In keinem der Quellentexte des Fünfbuchs ist er ursprünglich zu Hause. Das ist seit den 1950er-Jahren von Theologen wie Martin Noth und anderen nachgewiesen. Vermutlich hat es einen Moses als Person der Geschichte gar nicht gegeben. Wir können jedenfalls nichts Konkretes über diesen Mann sagen. Der angebliche Religionsstifter gehört der Legende an, so wie bei uns Siegfried der Drachentöter.

Solche Erkenntnisse sind weiß Gott nicht über Nacht vom Himmel gefallen. Seit gut 200 Jahren sind sie nach und nach in sorgsamer Gelehrtenarbeit zusammengetragen worden. Zu Beginn haben vor allem deutsche Professoren an der historischen Durchleuchtung der Bibel mitgewirkt. Es begann mit einer »Schutzschrift für die vernünftigen Verehrer Gottes«, die der Hamburger Professor für Orientalistik Hermann Reimarus um das Jahr 1760 fertigstellte. Er wagte aber nicht, seine bibelkritischen Beobachtungen zu veröffentlichen. Kurz nach seinem Tod baten seine Erben keinen anderen als den Dichter Gotthold Ephraim Lessing, das Manuskript ohne Nennung des Autors herauszugeben. Der damalige Leiter der »Herzöglichen Bibliothek« in Wolfenbüttel veröffentlichte in einer Zeitschrift nach und nach die »Fragmente eines Ungenannten«. Ein Sturm der Entrüstung brach los. Vor allem ein lutherischer Pastor aus Hamburg, Johann Goeze, feuerte aus allen Rohren. Das Ergebnis: Höchst geistreiche Briefe Lessings an den polternden Pfaffen in Hamburg – und die herzogliche Order an den Dichter, künftig auf dem Gebiet der Religion nichts mehr zu publizieren. Folge: Lessing schrieb die Parabel »Nathan der Weise«, Religion als Dichtung.

Und so ging es seit dem Ende des 18. Jahrhunderts immer fort. Ein Gelehrter schreibt ein kritisches Buch über biblische Texte. Empörung allerorten. Es folgen der Entzug des Lehrstuhls oder andere Sanktionen. Dem nächsten Bibelkritiker geht es nicht anders. Die Kirchenoberen fackelten da nicht lange. Bei den Katholiken wurde alles sofort auf den Index der verbotenen Bücher gesetzt. Aus heutiger Sicht ist es fast nicht mehr vorstellbar, welche Macht die Kirche damals hatte. Gott sei Dank haben wir dieses Monster heute gezähmt, zumindest in unseren aufgeklärten Breiten.

Allerdings: Die einmal gewonnenen Erkenntnisse ließen sich nicht mehr aus der Welt schaffen. Und es wurde immer mehr, was die als »liberal« beschimpften Gelehrten herausfanden. Für das Neue Testament hat der Marburger Professor Rudolf Bultmann dann in den 1930er-Jahren entscheidende Erkenntnisse zusammengetragen. Seitdem ist die Unterscheidung des historischen Jesus vom geglaubten Christus in der Welt. Später kam das Programm hinzu, das die Prediger anhielt, die mythologischen Texte der Bibel nicht länger als historisch auszugeben. Die Wirkung Bultmanns auf die Fachwelt war ungeheuer. Dennoch: Um ein Haar wäre der namhafte lutherische Gelehrte 1952 auf einer Synode seiner Kirche als Häretiker verurteilt worden. Es wäre eine einzige Blamage geworden.

Heute mischen selbst Gelehrte aus Israel kräftig mit, wenn es um die Frage nach der Entstehung biblischer Texte geht. Und sie ergänzen die subtilen Beobachtungen an den Bruchlinien vieler Texte durch gute Argumente aus der Archäologie. Sie sitzen ja gewissermaßen an der Quelle. Besonders plastisch und drastisch haben die Professoren Israel Finkelstein und Neil Silberman ihre Forschungsergebnisse zusammengefasst: Ihr 2001 erschienenes und in viele Sprachen übersetztes Buch heißt »Keine Posaunen vor Jericho«. Tenor: Das Bild, das uns die Bibel von der Geschichte Israels zeichnet, stimmt hinten und vorne nicht.

Zuvor schon hatte ein Professor der Universität Tel Aviv, Zeev Herzog, ein paar grundlegende Erkenntnisse über das Alte Testament publik gemacht. Am 28. Oktober 1999 wird der Professor in der großen israelischen Tageszeitung »Haaretz« zitiert. »Die biblischen Geschichten über Abraham oder den Auszug des Volkes Israel aus Ägypten sind nach Ansicht israelischer Archäologen reine Legenden. Die Könige David und Salomo sind bestenfalls kleine Stammesfürsten, falls es sie überhaupt gegeben hat. Die Suche der Archäologen nach handfesten Spuren aus der frühen Entstehungszeit des Volkes Israel ist ergebnislos verlaufen. Alle Geschichten über die Entstehung Israels, die Aufteilung in zwölf Stämme und die mächtigen Königreiche von Dan bis Beer Schewa müssen ins Reich der Legenden verwiesen werden.« Was bleibt denn dann noch von der Bibel, guter Gott?

Aber schau mal jemand in die Schulbücher junger Israelis heute. Da wird all das handfest als Geschichte geschildert, Moses, der Auszug Israels aus Ägypten und alles, was folgt. Motto: Die können uns viel erzählen, die Gelehrten.

Auch im Neuen Testament, in den Evangelien und in der Apostelgeschichte ist das meiste Legende, fromme Ausdeutung mündlicher oder schriftlicher Überlieferungen von und über Jesus. Das ist heute unter Fachleuten nicht strittig. Einiges kann sogar der theologische Laie erkennen. Man muss dazu nur eine sogenannte Evangelien-Synopse erwerben oder ausleihen. Das ist ein Buch, das die Texte der vier Evangelien in vier Spalten nebeneinander setzt. So kann man Übereinstimmungen und Abweichungen gut erkennen. Wenn man dann noch die zwei wichtigsten Erkenntnisse der Evangelienforschung berücksichtigt, wird einem vieles klar:

Erstens: Das Markusevangelium ist das älteste, geschrieben um das Jahr 70 in Syrien. Es enthält schon Anspielungen auf den kurz zuvor zerstörten Tempel in Jerusalem. Was Markus nicht wusste: Es waren zu seiner Zeit einige Papyri im Umlauf, die einzelne Worte des Jesus von Nazareth enthielten. Nur Aussprüche, fast keine Geschichten, von Hinrichtung und Auferstehung kein Wort. Die Bibelwissenschaft nennt diese Zusammenstellung einfach »Q«. Das steht für Quelle, Spruchquelle. Markus, der vierzig Jahre nach der Hinrichtung Jesu schrieb, kannte »Q« offensichtlich nicht. Er hatte andere Quellen.

Zweite große Erkenntnis der Forschung: Als Matthäus um das Jahr 85 sein Evangelium schrieb und ein Jahrzehnt später, ganz unabhängig von ihm, Lukas ebenso ein Evangelium zu Papier brachte, nutzten beide dieselben zwei Quellen. Vor ihnen auf dem Tisch lagen das fertige Markusevangelium und jeweils ein Exemplar des Papyrus »Q« mit den Sprüchen Jesu. Diese Texte verarbeiteten sie in ihren Evangelien, wobei Matthäus zum Beispiel über neunzig Prozent des Markusevangeliums zitiert. Selbst in der deutschen Übersetzung kann man anhand der Synopse leicht verfolgen, wie stark beide Evangelisten ihre Vorlagen abändern, überschreiben, bearbeiten, neu arrangieren, umdeuten, übermalen oder ausschmücken. Weitere leichte Erkenntnis: Das Johannesevangelium weicht komplett von den drei anderen ab. Es geht ganz eigene Wege und deutet Jesus von vornherein als Gottmenschen. Kritische Bibelforscher sind sich einig: Nichts von dem, was dieser Christus bei Johannes sagt, hat der geschichtliche Jesus gesagt.

Die Bibel will berichten, was war. Sie tut jedenfalls so. Sie erweckt den Eindruck, als seien die Autoren Reporter gewesen, die bei den geschilderten Ereignissen hautnah dabei waren. Das gilt selbst noch für den Schöpfungs-»Bericht« am Anfang der Bibel. Und Lukas beginnt sein Evangelium mit den Worten: »Schon viele haben es unternommen, einen Bericht über all das abzufassen, was sich unter uns ereignet und erfüllt hat. Und dabei hielten sie sich an die Überlieferung derer, die von Anfang an Augenzeugen [...] waren.«

Augenzeugen? Sicher ist: Menschen in allen Religionen, einst und heute, dürfen dir, Gott, in seltenen Momenten als »Augenzeugen« begegnen. Ein Geschenk, dem sie ausgeliefert sind. Diese Erfahrung können sie, wenn überhaupt, dann nur mit stammelnden Worten umschreiben.

Davon ist in der Bibel mehrmals die Rede: Moses zum Beispiel darf Gott in einem Dornbusch schauen, der lichterloh brennt, ohne zu verbrennen. Elia in einer Höhle am Berg Horeb vernimmt Gott, nicht im Sturm, der den Berg umtost, noch im gewaltigen Donner hernach, sondern in einen »sanften leisen Säuseln«, nachzulesen im Alten Testament, 1. Buch der Könige, Kapitel 19. Elia hatte kurz zuvor übrigens auf dem Berg Karmel Hunderte Priester und Priesterinnen hinrichten lassen. Die hatten falschen Göttern gehuldigt. Ihr Blut trug der kleine Bach Kishon nahe dem heutigen Haifa ins Meer. Dieser antike »Sachsenschlächter« darf nun Gott schauen, als der an dem Höhleneingang vorüberzieht. Was macht Elia? Er zieht sich den Kragen seines Gewands schützend am Kopf hoch. Das tun ihm in späteren Zeiten alle Priester der katholischen Kirche nach, auch der Papst, das kann man im Fernsehen gut beobachten: Im heiligsten Moment der Verwandlung der Hostie in den Leib Christi, der damit als Gott leibhaftig anwesend ist, zieht der Priester den Kragen seines Messgewands am Kopf hoch. Das soll Furcht ausdrücken.

Für mich, guter Gott, ist das ein sicheres Zeichen, dass auch diese Geschichte historisch nicht wahr ist. Sie ist vermutlich nur »gedichtet« oder so oft umgearbeitet worden, dass außer dem »sanften leisen Säuseln« nichts mehr authentisch ist. Furcht kommt höchst selten vor in den Tausenden Berichten von Menschen aus allen Religionen, die von einer »visuellen Begegnung« mit Gott künden. Staunen überwiegt da vollkommen, dazu die innerlich vernommene Aufforderung: »Fürchte dich nicht!« Über allem das Gefühl, in ein Meer von Licht, Liebe und Freude einzutauchen. Nicht selten führt eine lebendige Begegnung mit Gott allerdings auch zu einem vollkommenen Verstummen der Menschen, die das erleben durften. Paulus jedoch kann davon wohl authentisch reden, im 2. Brief an die Christen in Korinth, Kapitel 12: Ich war »bis in den dritten Himmel entrückt« und »hörte unsagbare Worte, die ein Mensch nicht aussprechen kann«. Dieses Schweigen über das »Eigentliche«, das ist echt.

Aber so ist das mit den Augenzeugen in der Bibel. Wo es sie überhaupt gab, haben sie meistens mündliche »Berichte« weitergegeben. Die sind dann aber von Mal zu Mal neu erzählt worden, ausgesponnen, umgedeutet. Und nach Jahrhunderten der Weitergabe kann niemand mehr sagen, was wirklich war. Wer war denn tatsächlich dabei, als Noah seine Arche zimmerte? Das ist eine großartige Erzählung, die allerdings ein schreckliches Bild von Gott zeichnet. In der Bibel gibt es viele solcher Erzählungen. Die spannendsten sind Vorlagen für Spielfilme, Opern und Romane der Weltliteratur geworden: Josef und seine Brüder, König David und Bathseba, Salomo und die Königin aus dem Morgenland, Jesus und Pontius Pilatus. Alles tolle Geschichten. Aber keine Geschichte – im Sinne von Historia.

Von dem Jesus-Drama, das sich um das Jahr 30 herum in Jerusalem ereignete, war schon vier Jahrzehnte später, als Markus schrieb, kaum noch etwas als »historisch« zu erkennen. Kein Autor des Neuen Testaments hat Jesus noch selbst gekannt. Noch nicht einmal Paulus, der in Jerusalem bei Rabbi Gamaliel im Seminar saß und kaum älter war als Jesus. Aber er bezeugt selbst in seinen Briefen: Es interessiert mich nicht, wer der geschichtliche Jesus war. Ich schreibe über den Gottessohn Christus, der mir in einer Vision vor Damaskus begegnet ist, als ich »im dritten Himmel« war. Subjektiver geht's übrigens nicht. Und das sagt Paulus, der sich, wie er schreibt, tatsächlich noch mit einem Augenzeugen getroffen hatte, mit Petrus, drei Wochen lang in Jerusalem. Über Fußball werden die beiden nicht gesprochen haben. Natürlich hat Petrus von Jesus erzählt. Und Paulus fand das offenbar ziemlich uninteressant. Jedenfalls geht er in seinen Briefen mit keinem Wort darauf ein, was der Nazarener gesagt und getan hat. So viel über biblische Augenzeugenberichte.

Wer die Ergebnisse der historischen Bibelforschung auf sich wirken lässt, muss erst einmal den Eindruck haben: Was die Bibel als historisches Geschehen berichtet, das ist im Grunde über weite Strecken alles erdichtet. Oft sind Dichtung und Wahrheit so ineinander verhakt, dass man sie nicht mehr unterscheiden kann. Der konkrete Mensch Jesus aus Nazareth wird mit der mythischen Figur des Gottessohnes Christus so verwoben, das man den Eindruck hat, Christus sei der Familienname des Wanderpredigers Jesus aus Nazareth. Deine Familie, Gott!

Heute hat man auch längst erkannt: Die biblischen Geschichten wollen mit ihren fingierten historischen Berichten schlicht Glauben wecken. Sie sind sozusagen mit missionarischem Unterton erzählt oder zumindest von Späteren oft auf diesen Ton hin getrimmt worden. Zum einen geht es darum, das erzieherische Wirken Gottes an seinem Volk aufzudecken. Er will etwas von ihm und er hat einen Heilsplan. Vor allem: Israel soll nur ihn allein als Gott anerkennen. Im Neuen Testament geht es um die Bezeugung der Erlösung, die Gott durch den Opfertod seines Sohnes Christus den Menschen (und zwar allen) schenkt. Letztlich ist den Autoren nicht wichtig, was wirklich geschehen war. Auf jeden Fall hatten sie ein anderes Geschichtsverständnis als wir heute im Horizont der Aufklärung. Und sie hatten ein anderes Verhältnis zum geistigen Eigentum eines Autors. Dieses spielte bei den vielen Überarbeitungen überhaupt keine Rolle.

Und überdies: Natürlich ist der Auszug Israels aus der Bedrückung in Ägypten ein urkräftiger Mythos, gewissermaßen ein Archetyp aus dem unbewussten seelischen Haushalt der Menschheit. So gesehen ist es egal, ob er historischen Tatsachen entspricht. Ebenso der Mythos von dem Menschen, der Gott geworden ist, oder umgekehrt dem Gott, der Mensch geworden ist. Das ist ein packendes seelisches Bild. Außer im Islam gibt es diesen Mythos in allen Religionen. Bei uns ergreift er noch heute Menschen – aber zumeist nur an Weihnachten.

Das Problem ist die Theologie. Sie glaubt, daran festhalten zu müssen, dass die Bibel von wirklichen Ereignissen spricht. Böte das Buch nur Bilder für die Seele, Symbole also, und erbauliche Geschichten, wäre das zu beliebig. Darauf ließe sich keine machtvolle Institution Kirche gründen. Nein, der eiserne Grundsatz heißt: *Historia est fundamentum.* Und so spricht man mit Blick auf die beiden Testamente der Bibel von der »Heilsgeschichte Gottes mit den Menschen«. Doch wenn uns die Bibelforschung eines gezeigt hat, dann genau dies: Eine solche Heilsgeschichte gab und gibt es nicht. Jedes Ereignis ist unmittelbar zu Gott. Und jeder beteiligte Mensch ist unmittelbar zu dir, Gott, ob er davon weiß oder nicht. Geschichte ist keine von Dir gesteuerte lange Kette von Ereignissen. Du steuerst nicht. Du wirfst auch keine Mauer in Berlin um. Anders wäre die Geschichte nicht das unbegreifliche Chaos, als das sie uns umgibt.

Oder bist du jemals einem Menschenschinder, einem Massenmörder wie Hitler oder Pol Pot in den Arm gefallen, Gott? Das ganze Leid und Elend, das wir Geschichte nennen, du lässt alles geschehen. – Ein Wunder, dass ich dich trotzdem mag!

Krücken für das letzte bisschen Glauben

Die meisten Theologen wissen noch immer nicht recht, wie sie mit den Ergebnissen der Bibelkritik umgehen sollen. Der gängigste Weg: Man betrachtet alles als Fachwissen, das dem Laien kaum zu vermitteln ist. Und als solches kann man es in der Praxis auch selbst bald ignorieren. Verdrängen und vergessen, fertig.

Das kommt dann auch dem Umstand entgegen, dass die Liturgie im Gottesdienst wie auch die Lieder im Gesangbuch sich um irgendwelche historischen Unwahrheiten nicht kümmern. Der »garstige Graben zwischen Geschichte und Glaube« (Lessing!) existiert für sie nicht. Die Liturgie ist immer die stärkere, unwandelbar durch Jahrhunderte, unsterblich fast, da können Bibelgelehrte herausfinden, was sie wollen. Nicht umsonst ist die liturgische Formelsprache im Gottesdienst »Vor«-Schrift, sie ist regelrecht dienstrechtlich geschützt.

Bei den Katholiken muss der Priester alles, was er sagt oder singt, fehlerfrei vom Blatt ablesen. Selbst wenn er die Texte längst in- und auswendig kennt. Auch dem Papst hält ein Assistent stets ein Blatt vor die Nase, wenn der die Messe »liest«. Bei den Evangelischen ist alles in einer »Agende« aufgeschrieben, einem Buch von 200 Seiten. Und wehe, ein Pfarrer ändert eigenmächtig etwas ab, egal, ob mit oder ohne Einverständnis seines Kirchenvorstands, die Dienstaufsicht wird sofort hellhörig. Wegen einer Predigt passiert so etwas höchst selten. Reden können die Pfarrer, was sie wollen. Kirchenobere wissen sehr wohl: Keine noch so konstruktiv-kritische Predigt kann gegen die eisernen liturgischen Formeln etwas ausrichten.

Der »Herr« (Gott oder wahlweise Christus) ist immer dabei. Und er besteht aus drei Personen, in deren Namen alles geschicht: Vater,

Sohn und Heiliger Geist. Bei Katholiken darf auch die Muttergottes, Maria, an prominenter liturgischer Stelle mitmischen. Ständig geht es um unsere Schuld und übergroße Sünde. Ständig wird gelobt, dass der Herr für uns am Kreuz den Opfertod gestorben ist. Dass wir jetzt zwar losgesprochen sind, aber dennoch in der Furcht Gottes leben sollen und zu tun haben, was er von uns fordert.

Bei den Evangelischen fällt man schon gleich mit dem Schuldbekenntnis ins Haus. Das wird als Erstes gebetet. Dazu kommt das Herunterleiern des Glaubensbekenntnisses durch die Gemeinde, die damit den ganzen liturgischen Formelkram wiederholt. Und in den Gesangbüchern steht das dann alles auch noch einmal knüppeldick. Gegen diese Gesangbücher sind ganze Pastoren-Generationen ohnmächtig. Da ändert sich nichts; einmal in zehn Jahren wird ein neues, ein etwas moderneres Lied hineingelassen. Der Rest ist wie in der Oper, schön zu singen, aber zumeist blödsinnige Texte.

Liturgie und Kirchenlieder: Theologisch sind die meisten längst unwahr geworden. Nur noch Abrakadabra und Hokuspokus! Und niemand unter den Kirchenoberen soll denken, so etwas würden die Leute nicht gewahr. Viele spüren sehr genau, dass da nichts mehr zusammenpasst, vor allem, dass es ihre Lebenswirklichkeit nicht trifft. Sie wollen in den Gottesdiensten auch nicht länger wie unmündige Kinder behandelt werden, die mit Texten zugedröhnt werden und denen genau gesagt wird, wann sie zu stehen und zu sitzen haben. Sie protestieren nicht, sie bleiben einfach weg.

Wer die Ergebnisse der historischen Bibelforschung vergisst oder aus der Pfarrer-Praxis herausdrängt, hat mit der Liturgie keine Probleme. Noch besser schaffen das Theologen, die sich schon im Studium ein paar geistliche Krücken zugelegt haben. Da wird dann zunächst betont, die Ergebnisse der historischen Bibelkritik seien letztlich alles nur Theorien. Man dürfe sie nicht zu ernst nehmen. Dass aber diese Theorien immer wieder den Praxistest in der konkreten Arbeit am Urtext bestehen, wird durch dieses Argument heruntergespielt. Vor allem behauptet man, Jesus habe beim Predigen und beim

Wunderheilen in absoluter Vollmacht gehandelt. Dies zeuge von seiner innigen Verbundenheit mit Gott. Deshalb könne man ihn als Menschen von göttlichem Wesen verstehen, als Sohn Gottes, als Christus eben.

Und am stärksten scheint die »Auferstehung Jesu Christi« alle Bibelforschung zurechtzurücken. Diese Tat Gottes, sein Bekenntnis zu Jesus, den er von den Toten auferweckt hat, im Theologenjargon ist sie »unüberbietbar«. Allerdings: Vergleicht man in der Synopse die vier Auferstehungsberichte der Evangelien miteinander, wird sofort klar: Das sind Legenden und ganz bestimmt keine Augenzeugenberichte. Für Historiker sind die Texte eine einzige Verlegenheit. Aber glauben kann man ja trotzdem, was da steht. Dann sind wir jedoch beim Für-wahr-Halten, einem Glauben aus zweiter Hand. Allerdings: Ein solcher Glaube kann alles überspielen. Motto: Wenn die meisten Geschichten der Bibel historisch nicht wahr sind, innerlich, seelisch, stimmen sie immer. – Das klingt einfach und gut, ist aber falsch. Viele Geschichten der Bibel, ob historisch echt oder nicht, sind inhaltlich längst unglaubwürdig geworden. Menschen haben sie Gott zugedacht und zugeschrieben. Aber vieles davon ist Gottes nicht würdig.

Ich schließe aus diesem so oft aufgeführten Verwirrspiel so vieler Theologen dies: Unser Verhältnis zu dir, guter Gott, muss sich vollkommen von der Geschichte lösen. Wir sind unmittelbar zu dir. Nichts anderes hat ja auch Jesus vorgemacht. Siehst du, Gott, nun bin ich doch sofort schon wieder selbst in der Geschichte. Wir sollten meine Bemerkung zu Jesus streichen. Egal, ob Jesus das vorgelebt hat oder nicht, wir sind unmittelbar zu dir, jeder einzelne Mensch. Das kann man erfahren. Und ich bin sicher, daraus lässt sich auch eine Liturgie entfalten. (Aber nur, wenn du die klassischen Liturgiefritzen ein wenig in der Hölle einsperrst und versprichst, dass sie dort den ganzen Tag Orgelmusik hören müssen.)

Professor Diabolos – der Anti-Bibelfälscher

Klaus Berger ist katholischer Professor für die wissenschaftliche Erforschung des Neuen Testaments. Er war auch einmal evangelischer Professor in seinem Fach. Aber das tut hier nichts zur Sache. In den letzten Jahren lehrte er an der katholischen Fakultät der Universität Heidelberg. Heute ist er im Ruhestand und im März 2013 hat er eine umfassende Studie zum Neuen Testament vorgelegt, ein Buch, das viele seiner früheren Einzelarbeiten zusammenfasst. Es trägt den plastischen Titel »Die Bibelfälscher« und behauptet das Gegenteil von allem, was ich hier darstelle.

Aber weil es nicht nur um meine Darstellung geht, sondern weil Berger in seinem Buch 99 Prozent seiner neutestamentlichen Fachkollegen in Westeuropa und den USA wissenschaftlich verteufelt, soll sein Buch hier kurz gewürdigt werden. Der Professor argumentiert entschieden polemisch, wird aber zugegebenermaßen nie persönlich verletzend zu seinen Gegnern. Unter anderem haut er alle meine eigenen theologischen Lehrer in die Pfanne, habe ich doch bei Georg Kümmel »Einleitung ins Neue Testament« gehört und bei dem damaligen Dozenten und späteren Professor Peter Stuhlmacher ein Seminar über Paulus absolviert. Entscheidend war für mich am Ende allerdings der Mainzer Neutestamentler Herbert Braun. Doch den sieht Berger vermutlich in der Hölle schmoren.

An diese Hölle glaubt der Professor tatsächlich. Nicht nur das. Er glaubt, dass Jesus von sich behauptete, Gottes Sohn zu sein, und dass er entsprechend gelehrt und gehandelt habe. Er sei vom Heiligen Geist mit der Jungfrau Maria gezeugt worden, geboren in Bethlehem. Seine »Geschwister« seien weitläufige Verwandte seiner Mutter (Cousins und Cousinen) gewesen, was durch den aramäischen Ausdruck für Geschwister mit abgedeckt sei. Des Weiteren habe Jesus den Lazarus vom Tod auferweckt, sei über das Wasser des Sees Genezareth gelaufen, habe fleißig schwerkranke Menschen geheilt und im Handumdrehen aus ein paar Fischen und Brotlaiben Nahrung für

5000 versammelte Zuhörer gemacht. Er sei vor den Augen seiner drei wichtigsten Jünger, Petrus, Johannes und Jakobus, auf einem Berg im Licht des Heiligen Geistes verklärt worden und habe Petrus zum Grundstein der Kirche erklärt. Er sei am Kreuz in Jerusalem den Sühnetod für die Sünden der Menschen gestorben und sein Vater habe ihn nach drei Tagen von den Toten auferweckt.

Kurz: Berger glaubt, die Bibel habe doch recht. Gott selbst habe sie durch seinen Heiligen Geist geoffenbart. Entsprechend zetert er in seinem Buch Hunderte Seiten lang: »Die letzten 150 Jahre Bibelforschung haben gläubige Menschen systematisch um die Wahrheit betrogen.« Mit wissenschaftlicher Argumentation versucht Berger nachzuweisen, dass man das Neue Testament in fast allen Stücken wörtlich nehmen und glaubend verstehen könne.

Dass ein Gelehrter wissenschaftliche Kernthesen seines Faches auf den Kopf stellt, ist für sich genommen eine legitime und mutige Vorgehensweise. Oft ist Wissenschaft überhaupt nur so vorangekommen. Bergers methodische Hauptthese ist die Vordatierung des Johannesevangeliums vor die drei anderen Evangelien, die sogenannten Synoptiker. Nicht im Jahre 110 sei das Johannesevangelium entstanden, wie die große Mehrheit der Forscher es darstellt, sondern zwischen den Jahren 65 und 70. Damit steht Berger in seinem Fach ziemlich allein da. Seit aber der Wissenssoziologe Thomas Kuhn in den 1970er-Jahren »Die Struktur wissenschaftlicher Revolutionen« untersuchte und dabei den Begriff vom möglichen »Paradigma-Wechsel« prägte, weiß man, dass und wie sich zum Beispiel auch die Thesen Bergers in seinem Fach langfristig durchsetzen könnten. Könnten – der Konjunktiv ist wichtig. Berger könnte mit seinen Thesen ebenso gut scheitern. Und ich bin sicher, so wird es auch kommen.

Schon die Eingangsthese ist nachprüfbar falsch. Nicht die kritische Bibelwissenschaft hat den christlichen Glauben der Menschen in Europa zerstört, wie Berger behauptet. Es war vielmehr unser durch naturwissenschaftliche und historische Erkenntnisse geprägtes Weltbild, in dem der traditionelle Glaube geschmolzen ist wie Butter in der

Sonne. Das ist durch sehr viele religionssoziologische Bücher herauf und herunter nachgewiesen. Der traditionelle Glaube ist im Laufe zweier Jahrhunderte buchstäblich aus der Zeit gefallen. Und gerade die Theologen waren es – ob Bibelkundler, Systematiker oder Praktiker –, die jede Gelegenheit außer Acht ließen, diesen Glauben theologisch für die Gegenwart aufzuarbeiten. Historisch-kritische Bibelforschung hatte dazu seit Lessings Zeiten viele Voraussetzungen geschaffen. Aber außerhalb des Fachgebietes hat sie sichtlich kaum jemand zur Kenntnis genommen. Noch heute ist sie »das bestgehütete Geheimnis der Kirchen«, wie das der Schweizer Theologe Walter Hollenweger formulierte. In den Kirchen wird sie grandios verdrängt, obwohl fast alle Pfarrer sie vor dem Examen büffeln mussten wie verrückt.

Und heute ist sowieso alles zu spät: Außerhalb der Kerngemeinden haben die Leute (sechzig Prozent von ihnen Kirchenmitglieder) von historisch-kritischer Bibelforschung noch nie etwas gehört. Es interessiert sie längst auch die Bohne, wer Jesus war und was er gesagt haben könnte. All die historisch-kritisch begründeten und gegenwartsbezogenen Jesus-Bücher der Nachkriegsjahrzehnte: Öffentliche Wirkung haben sie nie erzielt.

Man schaue sich doch nur Publikationen wie »Chrismon« oder »Zeitzeichen« an, brav-orthodoxe Publikationen, denen jede kritische Auseinandersetzung mit dem traditionellen christlichen Glauben abgeht. Wider besseres Wissen flunkern sie den Leuten eine heile Glaubenswelt vor. Und in Film und Fernsehen sieht man seit den »Zehn Geboten« auch stets nur bibelgetreue und evangelikale Darbietungen biblischer Stoffe – bis hin zur Arche Noah, deren Überreste irgendwelche spleenigen Amerikaner tatsächlich auf dem Berg Ararat in Ostanatolien suchen. Noch nie habe ich seit vierzig Jahren einen Jesus-Film gesehen, der historisch-kritisch standhalten könnte. Alles Quatsch, was der Professor Berger da behauptet. Bibelkritiker haben den Glauben nicht zerstört, das hat die Kirche brav selbst gemacht.

Rein fachlich fällt auf, dass Berger die methodische Haupterkenntnis der neutestamentlichen Bibelforschung nur einmal in einem Satze erwähnt, aber nirgends darauf eingeht. Weil er das Johannesevangelium vorzieht und dessen Entstehung noch vor der Zerstörung Jerusalems ansetzt, ist für ihn die sogenannte Zwei-Quellen-Theorie unbedeutend. Ich hatte diese oben schon kurz erläutert (siehe Seiten 77-78).

Auf die Quellenlage geht Berger mit keinem Wort ein. Er schwadroniert gelehrt um wichtige neutestamentliche Texte herum. Einzig erkennbare Methode: Katholische Standard-Dogmatik wird schamlos in die Texte eingetragen und es wird behauptet, die hätte genau dort ihren legitimen Ursprung.

Das alles hält sich noch irgendwo in einem wissenschaftlichen Rahmen. Abgründig wird es aber, wenn Berger genau ebensolches seinen Fachkollegen vorwirft. Von diesen hat er besonders Rudolf Bultmann, dessen Schüler und wissenschaftlichen Enkel im Visier. Und ganz besonders hat er es auf den Heidelberger Neutestamentler Gerd Theissen abgesehen, der 1996 zusammen mit Annette Merz ein wissenschaftliches 500-Seiten-Buch veröffentlicht hatte, das seither zur Standard-Lektüre aller evangelischen Theologie-Examenskandidaten gehört: »Der historische Jesus«.

Berger behauptet nun, diese Wissenschaftler, besonders Bultmann selbst, würden moderne evangelisch-lutherische Dogmatik in die Auslegung (Exegese) der fast 2000 Jahre alten Texte eintragen. Sie seien extreme Bibel-Fundamentalisten. Er selbst natürlich nicht. Er sei der wirkliche Bibel-Versteher. Und hier kommt ein sich am Ende selbst bespiegelnder Blender und Durcheinanderwerfer zum Vorschein. Das alte griechische Wort für einen Durcheinanderwerfer ist »diabolos« (erst später kam die Bedeutung »Teufel« auf). Aber so ist es.

In der Mitte des Buches, dort, wo es um Fundamentalismus geht, argumentiert der Bibel-Fundamentalist Berger diabolisch. Man wird an den Buchtitel von Hubert Schleichert erinnert: »Wie man mit Fundamentalisten diskutiert, ohne den Verstand zu verlieren«. Berger, der so gerne den (grandiosen) Mystiker Nikolaus von Kues zitiert, hätte sich am Ende doch lieber dessen »Docta Ignorantia« zu Herzen nehmen sollen. Berger »weiß« mehr, als man wissen kann, und wirft anderen Unwissen und Betrug vor: Diabolos verteufelt seine Gegner. Ein komisches Schauspiel.

Die kirchlich gedeckelte Liebe Gottes

Was bleibt vom christlichen Glauben? Das Erlösungswerk Christi hat sich in nichts aufgelöst. Wir mussten entdecken, dass sich der Mensch sein Elend, sein Sterbenmüssen und seine Erlösungsbedürftigkeit auf dieser Erde nicht selbst eingebrockt hat. Dieser sogenannte Sündenfall Adams und Evas ist uns heute weltbildmäßig einfach abhandengekommen. In der Evolution wie auch in der individuellen Psyche lässt sich kein Ort und kein Zeitpunkt ausmachen, an dem der Mensch willentlich aus der »gerechten Ordnung Gottes« in ein Leben des Sündigenmüssens ausgebrochen wäre. Damit ist eine tragende Säule des klassischen christlichen Erlösungsglaubens eingestürzt.

Die andere Säule ist stark angeschlagen: die Lehre vom Sohn Gottes, von Jesus, dem Christus. Seitdem Bibelwissenschaftler immer besser erkennen können, wann und wie die Evangelien entstanden sind, weiß man zumindest dies sehr genau: Jesus hat sich selbst nicht als Gottes »eingeborener« Sohn verstanden. Von einem Sühnetod, den er für die Sünden der Menschen zu sterben hätte, hat er schon gar nichts gewusst. Gottes sogenannte Heilsgeschichte mit den Menschen ist eine antike priesterliche Kopfgeburt.

Theologen vor der Zeit der Aufklärung, Martin Luther zum Beispiel, haben das zu ihrer Zeit nicht ansatzweise ahnen können. Aber für uns Heutige ist das alles nicht mehr glaubend nachzuvollziehen.

Was also bleibt vom christlichen Glauben? Die Nächstenliebe? Ja, die gibt es ganz gewiss noch im Christentum. Aber sie findet sich längst auch bei Menschen, die vom Christentum nichts wissen. Haben wir Christen überhaupt noch etwas, das uns zentral von anderen Religionen unterscheidet?

Ich denke, ja. Mit verblüffender Schlichtheit hat das einmal der katholische Querdenker Hans-Joachim Höhn, Theologe in Köln, in den Raum gestellt: »Gottes Liebe gilt nach christlicher Überzeugung im Leben wie im Sterben des Menschen als voraussetzungslos und somit als das höchste Gut. Das kann wohl auch aus anderen Religionen nicht überboten werden.«

Ein großes Wort! Dass es stimmt, wird aber in der Bibel nur ganz punktuell sichtbar. Im Hymnus des Paulus zum Beispiel (Text siehe Seite 65) oder wenn der Apostel wörtlich vom »Gott der Liebe« spricht (am Endes des 2. Korintherbriefes). Im 1. Johannesbrief heißt es: »Gott ist Liebe.« Aber all dies wird in seiner Tragweite nirgends ausgeführt. Es wird im Neuen Testament ja auch durchgängig an die mythische Erlösungstat des Gottessohnes Christus geknüpft.

Und die Attribute »unbedingt« und »voraussetzungslos« als Merkmal der Liebe Gottes zu uns Menschen kommen in der Bibel schon gar nicht vor. Sie sind nur indirekt aus Worten und Taten des Jesus von Nazareth zu erschließen. Wie soll man sie auch definieren, bedingungslose Liebe? Das scheint ein aussichtsloses Unterfangen zu sein. Definieren heißt eingrenzen, abgrenzen, unterscheiden. Eine bedingungslose, eine voraussetzungslose Liebe ist durch nichts zu relativieren und somit gewissermaßen *per definitionem* undefinierbar.

Doch im Grunde wissen wir alle ziemlich gut, was Liebe ist: Es geht um angenommen sein, geschützt und geborgen sein, gemeint sein und wertgeschätzt sein, wie man ist. Geliebt zu sein ist das tiefste Bedürfnis eines jeden Menschen. Das haben Anthropologen und Psychologen längst erkannt. Ohne Liebe könnte die Menschheit nicht einen Tag bestehen. Mütter und Väter auf der ganzen Welt wissen das am besten.

Die meisten Menschen haben auch von ihren Eltern viel Liebe konkret erfahren dürfen. Als Erwachsene können sie Liebe dann gut mit anderen teilen, in der Ehe, mit den eigenen Kindern, in Freundschaften, im gesellschaftlichen Zusammenleben. Dennoch bleibt zwischenmenschliche Liebe unter den Bedingungen unserer Existenz stets unvollkommen. Sie kann zwischen die Mühlsteine von schuldhaftem Egoismus und gesellschaftlichen Zwängen geraten. Oft verkümmert sie dann. Und so gibt es viele, die das Überlebensmittel Liebe fast nur in Hungerportionen zugeteilt bekommen oder als gänzliches Defizit erfahren. Das sind dann die vielen völlig lieblos aufgewachsenen jungen Leute in unseren Städten, die mit sich selbst nichts anzufangen wissen, die vor Daseinshass und Aggressivität bersten. Aber auch bei ihnen ist ein tief verborgener Liebeshunger da. Wer zu wenig oder gar keine Liebe mitbekam, weiß oder ahnt, was im Leben fehlt.

Da ist es eigentlich kein Wunder, dass dieses Bedürfnis unter Umständen auf jemanden geworfen, also projiziert wird, der es voll befriedigen können muss. Auf dich, guter Gott. Das kann aber nur gelingen, wenn man jemanden vor Augen hat, der das vormacht. Ich selbst bin als Kriegskind auch nicht gerade mit elterlicher Liebe überschüttet worden, als Vollwaise mit zwölf Jahren war es dann noch schwieriger. Und ich habe verdammt nochmal als kleiner Junge nach Zuwendung und Liebe gelechzt. Dass mir die einmal voll und ganz von Gott zufließen könnte, habe ich erst spät erkannt. Da war ich im besten Mannesalter. Ein Freund hatte mir die Predigten Meister Eckharts aus dem 14. Jahrhundert in die Hand gedrückt. Ich las und war sofort »zu Hause« bei dem Gott Eckharts. Und ich konnte mich ihm völlig öffnen. Mit dem Gott im Neuen Testament kam dieses Erleben erst später, als ich mich lange nach dem Studium diesem Buch noch einmal kritisch zuwandte. Tief versteckt in den Evangelien stieß ich dann endlich auf einen Jesus von Nazareth, dem ich das gleiche Seelenheilungswunder wie Eckhart zutraute.

Ich erkannte: Dieser Jesus spricht und handelt nur von dir, Gott. Er lebt eine Liebe vor, auf die zu hundert Prozent Verlass ist, im Leben wie im Sterben, in Zeit und Ewigkeit. Eine bedingungslose, eine voraussetzungslose Liebe Gottes zu jedem Menschen, eine Liebe, die sich niemand verdienen oder erkämpfen kann, die vollkommen kostenlos ist, aus der niemand herausfällt, gleich ob er von ihr weiß oder nicht, ob er sie erwidert oder gar ihr zuwider handelt. Auf diese Liebe, deine Liebe, Gott, hat sich Jesus so radikal verlassen, dass er es darauf ankommen ließ, ob die Obrigkeiten ihn verhaften und töten würden. Er hätte ja auch fliehen können.

Sicher: Bei dem geringen Bestand an nachprüfbar authentischer Jesus-Überlieferung kann niemand garantieren, dass das historisch stimmt. Es ist eine Vorentscheidung, ein Konstrukt, wenn man so will. Und dennoch: Ob historisch ganz sicher oder nur annähernd, das Konstrukt an sich kann schon eine nachhaltige Wirkung entfalten. Wie bei Eckhart. Das ist eine Frage des Sich-angesprochen-Fühlens und des Sich-drauf-Einlassens.

Aber bevor ich dazu komme, möchte ich doch noch ein paar Anhaltspunkte nennen, warum sich dieses Konstrukt mehr oder weniger gut auf Jesus zurückführen lässt: Der Jude Jesus hat in seiner Religion damals eine Revolution angezettelt. Das beginnt damit, dass er sein Reden und Handeln in einem Gottesbild begründet, das kaum zeitgeschichtliche Parallelen aufweist. »Die Zeit ist erfüllt. Die Königsherrschaft Gottes ist nahe herbeigekommen. Wendet euch hin zu ihr, und ihr werdet leben.«

Diese Behauptung Jesu gehört zu dem Sichersten, was wir von ihm wissen. In der von ihm erfahrenen Morgenröte der begonnenen Gottesherrschaft hat Jesus mehrere große Umwälzungen in seiner Religion vollzogen, die im Prinzip heute so aktuell sind wie damals: Gottes Kommen spielt sich allererst in der Seele des Einzelnen ab. Die ›Gottesherrschaft‹ ist für Jesus vor allem eine geistige, eine spirituelle Größe.

Wenn Gott in der Seele König wird, dann regiert er auch, sagt, was Sache ist. So sieht es Jesus. Dem soll sich der Mensch in kindlicher Arglosigkeit anvertrauen, soll hören auf die Stimme Gottes in seinem Herzen. Dann wird die Tradition nebensächlich, vor allem die als heilig verehrte Thora, die fünf Bücher Mose mit ihren Hunderten von Gesetzen und Strafandrohungen. Lass sie weg, sagt Jesus. Wenn Gott in der Seele regiert, braucht es keine Vermittlung mehr von irgendei ner äußeren Autorität. Gott ist doch da, was kann es Wichtigeres geben? Der Nazarener verkündigt nichts anderes als den nahen Gott, seine ständige grundgütige Gegenwart ohne Vermittlung und ohne Verhaltensregeln. So bricht Jesus auch immer wieder mit den alten äußeren Ordnungen. Er, der Gottes-Mann, lebt in schlechter Gesellschaft. Er öffnet den Verlorenen die Augen für die Gegenwart der erlösenden Macht Gottes. Du bist unmittelbar zu Gott, der dir gut ist. Das war seine Botschaft. Dabei hat er auch sich selbst nicht als Mittler aufgespielt.

Die wichtigste Konsequenz daraus: Die ganze anarchische Strafgerechtigkeit Gottes ist bei Jesus aufgelöst. *Er hat den Strafgott abgeschafft!* Und genau das ist sein Evangelium, seine froh machende Botschaft: Erlösung als Befreiung von einem bedrohlichen und Furcht verbreitenden Gottesbild. Wir können darauf vertrauen: Gott ist nur gut, er kann nur lieben. Gleich, was du tust oder getan hast, Mensch, Gott ist auf deiner Seite. Vertraue ihm, und du wirst dich als angenommen erfahren. Diese Überzeugung Jesu kommt in seinem goldenen Gleichnis vom verlorenen Sohn zum Vorschein: »Da finden wir das Gesicht des bedingungslos liebenden Gottes, den Jesus verkündet und bezeugt hat, von dem er aber als Person deutlich unterschieden bleibt« (Klaus-Peter Jörns).

Die an keine Bedingung gebundene Liebe Gottes, dieses totale Angenommensein des Menschen, ist für Jesus keine Sache des Glaubens im Sinne von Für-wahr-Halten. Er hat diese Liebe Gottes an sich selbst erfahren und erlebt. In diese Erfahrung hat er andere mit hineingenommen. Und genau in diesem Vorgang findet Erlösung statt: sich von Gott geliebt zu wissen ohne Wenn und Aber – inmitten dieses Albtraums unserer irdischen Existenz. Nur wer sich in diese Erfahrung hineinfallen lässt, kann dann auch für sich beurteilen, ob sie Projektion ist oder Realität. Dies ist der Punkt, an dem das Konstrukt auch ohne historische Grundlage von selbst wirken kann. Dieses Hineingleiten-Lassen geht eben nicht ohne eine konkrete Entscheidung ab. Zwar ist die Erfahrung, von Gott geliebt zu sein, stets Geschenk.

Aber paradox, wie diese Erfahrung nun mal ist, muss ihr der Schritt des Vertrauen-Fassens vorausgehen. Liebe darf man nicht suchen oder einfordern, man muss sie zulassen.

Ich weiß noch genau, guter Gott, lange ist es her, wie ich mich bei der Überlegung ertappt habe: Wenn das denn gilt, dass du für deine Liebe keine Bedingung stellst, dann beschließe ich jetzt einfach, mich radikal darauf zu verlassen. Ich kann nur gewinnen. Auch wenn ich schon lange nicht mehr an deinen angeblichen Sohn Christus glauben kann. Seither weiß ich: Glaube hat nichts mit Für-wahr-Halten zu tun, nichts mit dem ganzen Bekenntnis-Brimborium unserer Theologen. Glaube ist das Einfachste und Wichtigste von der Welt: Vertraue in Gottes Liebe zu dir, tue das mit aller Kraft und von ganzem Herzen. Was du dann erleben kannst, ist ein Freiwerden von aller Angst um dich selbst und, wirklich wahr, um alles andere ebenso. Und eines Tages dann kann es dir passieren, dass du weißt: Dieser liebende Gott ist ständig zugegen, ist ganz nahe, durchdringt dich. Meister Eckhart zu Beginn des 14. Jahrhunderts rät: »Schmiege dich ganz an ihn.« Und: »Sehet, so liebkost Gott uns.«

Aber ist das denn das nicht alles nur eine schöne Illusion? Ist nicht unsere Lebenserfahrung in dieser oft albtraumhaften irdischen Existenz eine ganz andere? Wie denkt eine Mutter von deiner bedingungslosen Liebe, Gott, wenn sie am Bett ihrer an Krebs sterbenden Tochter sitzt? Und überhaupt: Hat denn bei uns im offiziellen Kirchen-Christentum deine Liebe zu uns tatsächlich absoluten Wert, Gott? Gilt sie denn bei uns im Leben wie im Sterben des Menschen als voraussetzungslos und somit als höchstes Gut?

Ich denke, hier ist eine Erfahrung formuliert worden, die einzelnen Menschen einst und heute in der direkten Begegnung mit Gott geschenkt wurde, die wir in der Kirche aber so wenig verwirklicht haben wie in der Theologie. Man hört zwar einzelne Theologen davon reden, Gottes Liebe zu jedem einzelnen Menschen sei voraussetzungslos und bedingungslos. Das sagen auch manche unserer Kirchenoberen. Aber oft geben sie sich selbst keine Rechenschaft darüber, was das in der Konsequenz wirklich bedeutet. Es klingt sehr gut und bedeutungsvoll. Aber es ist zumeist eine hohle Phrase. »Kuschelgott-Prediger« werden sie dann schnell genannt. Es steht eben oft genug keine eigene Erfahrung dahinter.

Fakt ist: Die meisten Gläubigen, Pfarrer wie Laien, können schlicht nicht realisieren, was mit der voraussetzungslosen Liebe Gottes gemeint sein kann. Hört man genau hin, kommen rasch die klassischen Einwände gegen eine solche, dir, Gott, zugeschriebene Haltung:

Zum einen wird dann gefragt: Wer will sich denn so vollkommen nur beschenken lassen, ohne etwas Substanzielles zurückgeben zu können? Ein bisschen wollen wir schon mithelfen dürfen an unserer Erlösung. Ein paar kleine Bedingungen wollen wir schon erfüllen dürfen. Irgendwie müssen wir uns ja auch von anderen Menschen positiv unterscheiden können, durch eine bessere Frömmigkeit oder eine höher stehende Moral zum Beispiel.

Zum anderen blickt man auf die Opfer der großen und kleinen Menschenschinder in Vergangenheit und Gegenwart. Der Mörder und der Gemordete, der Quäler und der Gequälte, sie alle sind bei dir, Gott, gleichermaßen angenommen, ohne Wenn und Aber? Wo bleibt denn da deine Gerechtigkeit? Das kann es ja wohl nicht sein?

Und drittens heißt es: Wenn es im Letzten auf unser Tun, auf unsere Ethik und Moral nicht ankommt, sind dann nicht dem Chaos Tor und Tür geöffnet? Jeder kann tun und lassen, was er will, am Ende zählt nur die Erlösung in der Liebe Gottes? Wir alle dürfen dir auf der Nase herumtanzen, Gott? Denn böse darfst du uns ja nie sein als Gott der absoluten Liebe?

Indes: Wer da einmal gesprungen ist, wer sich radikal auf die Liebe Gottes eingelassen hat, die keine Bedingungen stellt, der weiß in seinem Herzen: Alle dieses Einwände sind vernünftige Kopfgeburten. Bedingungslos: Das kann man gar nicht definieren. Es ist das *Un-Bedingte.* Gottes *Wirk*-lichkeit ist lichtvoll-anarchistisch, sprengt jede menschliche Vorstellungskraft. Sie blitzt auf hinter dem Zusammenprall der Gegensätze. Man kann sich gegen diese Liebe empören oder sich ihr ergeben. Am Ende aber ist es immer diese Liebe Gottes, die sich als der Grund des Ganzen erweist. Nicht Macht, sondern Liebe hält die Welt im Innersten zusammen.

Der geschichtliche Jesus, so wie wir ihn seit einigen Jahrzehnten in Umrissen unter den Übermalungen im Neuen Testament unterscheiden können, dieser in den Evangelien versteckte Jesus ist ein Vorbild für die Erfahrung absoluter Liebe. Aber diese Erfahrung ist auch ohne das Wissen um ihn zu machen. Es gibt viele Zeugen aus Vergangenheit und Gegenwart, die von Gotteserfahrungen heimgesucht wurden, in denen Empfindungen von Licht und absoluter Liebe im Zentrum standen. Ohne solche persönlichen Zeugnisse konkreter Personen wäre es allerdings schwierig, von dem absoluten Wärmestrom aus dem Jenseits zu wissen.

Vor allem die sogenannten Mystiker haben das immer wieder bezeugt, Meister Eckhart und Angelus Silesius im Christentum, Rabia von Basra, Halladsch und Rumi im Islam, Shankara und Ramakrishna in Indien und die vielen Bodhissatva-Vorbilder in Fernost – um nur mal die allergrößten zu benennen. Man muss also nicht auf den geschichtlichen Jesus zurückgreifen, um eine Ahnung von der Liebesanarchie Gottes zu bekommen. Obwohl sich das für einen historisch-kritischen Theologen natürlich anbietet. Aber man darf dabei nicht vergessen: Das Neue Testament, wie es dann in dem Jahrhundert nach Jesu Tod entstanden ist, hat diese Erfahrung der unmittelbaren liebenden Gegenwart Gottes weitgehend verdunkelt und zugeschüttet.

Schon Paulus steht in seinen Briefen wieder stark im Banne des strafenden und richtenden Gottes. Dieser lässt Gnade und Liebe nur walten, wenn jemand an seinen Sohn Christus glaubt und darin den Glaubensgehorsam praktiziert. So wird Gottes Liebe wieder an Bedingungen geknüpft. Widersprüchlich: Zwar hat Paulus im Römerbrief jene Sätze geschrieben, denen zufolge niemand aufgrund seines Gehorsams erlöst wird, sondern allein aufgrund der Gnade Gottes, also völlig umsonst. Und im sogenannten Hohelied der Liebe, dem 13. Kapitel des 1. Korintherbriefs, steht der Satz, nach dem die Liebe

Vorrang habe vor dem Glauben und vor der Hoffnung. Aber der Apostel selbst hat die Tragweite dieser Ausführungen letztlich nicht erkannt. Er sagt: Nur wer an Christus glaubt, kann aus der Liebe Gottes nicht herausfallen. Alle anderen verfehlen diese Liebe und werden verdammt.

Auch Matthäus hält von einer zuvorkommenden und voraussetzungslosen Liebe Gottes gar nichts. So wie dieser Evangelist die sogenannte Bergpredigt zusammengestellt und formuliert hat, bindet er die Liebe Gottes an zwei Voraussetzungen: Man muss das Gesetz Gottes bis ins letzte Jota befolgen, und man muss sich dabei besonders um die Armen und Ausgegrenzten kümmern. Wer das nicht tut, wird ins ewige Feuer geworfen.

Und im streng verkirchlichten Christentum heute in Europa hat die Kunde von der bedingungslosen Liebe Gottes überhaupt keine Chance. Sie kann einfach nicht wahrgenommen und erfahren werden. An erster Stelle kommt die Lehre der Kirche. In die ist die Liebe Gottes sozusagen verwickelt. Und wer mit der (komplizierten) Lehre nichts anfangen kann – so geht die Deutungshoheit der Berufschristen –, kann auch die Liebe Gottes nicht wahrnehmen. Alles andere wäre »Schwärmerei« oder gar »Gnosis«, wie die Totschlagargumente dann lauten.

Das Glaubens-Buch des vormaligen großen Vorsitzenden der Evangelischen Kirche in Deutschland (EKD), Bischof Wolfgang Huber, ist ein beredtes Beispiel dafür. »Der christliche Glaube«, so der Titel, ist nach Huber im Kern ein Für-wahr-Halten des Zeugnisses, dass Jesus als Sohn Gottes für uns gestorben ist und von Gott auferweckt wurde. Das soll man von ganzem Herzen glauben, darauf soll man vertrauen. Dann geschieht die (lutherisch betonte) »Rechtfertigung des Sünders«.

Das ist nach meinem Verständnis ein armseliger Glaube, ein Glaube für arme Seelen, denen keine Liebeserfahrung gestattet wird. Huber spricht erfahrungslos von einem erfahrungsfremden Glauben. Der Mystiker Thomas Müntzer, Zeitgenosse und Gegner Luthers, hat diese Haltung einmal mit den Worten beschimpft: »Glauben, glauben, bis dir der Rotz von der Nase fliegt.« Ja, es ist eine Lehre für arme Seelen, denen das Wichtigste vorenthalten wird, dass sie nämlich zuallererst in sich selbst erfahren können: Gott sagt Ja zu dir, ohne Wenn und Aber und für alle Zeit und Ewigkeit, egal was du glauben kannst oder nicht. Huber schreibt in seinem Buch 200 Seiten über den Glauben, 40 Seiten über die Hoffnung und 25 Seiten über die Liebe. Das ist bezeichnend.

Wer von der bedingungslosen Liebe Gottes reden will, muss sie zuvor in sich selbst gefunden haben. Das kann man nur, wenn man es vorgelebt bekommen hat, in der persönlichen Umwelt oder in überzeugenden Vorbildern aus Geschichte und Gegenwart. Ist man aber einmal auf die Spur gesetzt worden, kann man in die bedingungslose Liebe Gottes hineinwachsen und sich von der Tradition weitgehend lösen. Diese erscheint dann wie ein Floß, das einen über den Fluss zu Gott (zum »Eigentlichen«) hinübergetragen hat. Dies ist übrigens ein uraltes Bild, das in vielen Religionen vorkommt. Und ab da hat man es mit Gott allein zu tun. Es wächst eine Spiritualität, deren zentrales Moment die Unmittelbarkeit zu Gott ist. Sie vernimmt Gott wesentlich aus dem Inneren des Menschen. »Gott ist im Grunde der Seele anwesend, mit seiner ganzen Gottheit«, sagt Meister Eckhart. Wer sich darauf einlassen mag, praktiziert Mystik, essenzielle Gott-Unmittelbarkeit.

Genau dies aber ist der Kirche nicht geheuer. Um den katholischen Theologen und Mystik-Kenner Adolf Holl zu zitieren: »Sobald der Seele eine Gott-Unmittelbarkeit zugestanden wird, noch dazu eine freundschaftliche, Geborgenheit und Erlösung vermittelnde, verliert die Gnaden-Vermittlung und Sakrament-Verteilung der Priesterschaften ihre grundlegende Legitimation.« Genau das ist das Problem mit unserer Kirche der Armseligkeit. Sie muss die bedingungslose Liebe Gottes deckeln. Sonst verliert sie ihre Macht als »Apparat zur Außenlenkung der Seelen« (Drewermann). So bleibt sie ein spiritueller Kindergarten.

Der gefälschte Tod der Theologen

Merkwürdig: In allen Stücken schwört die Kirche auf ihren Paulus. Er ist ja der eigentliche Denker und Begründer des Christentums. Nur beim Thema Sterben und Tod geht man lieber andere Wege als der Apostel. Paulus bekundet im 1. Brief an die Gemeinde in Korinth (Kapitel 15), im Sterben würden wir alle »in einen überirdischen Leib verwandelt«. Und das geschieht »plötzlich und in einem Augenblick«. So handelt Gott an uns. Das ist doch mal was!

Aber Priester, Theologen und ihre Kirchen mögen es eben nicht, wenn Gott es den Menschen zu leicht macht. Dann haben sie ja nichts mehr zu sagen, vor allem nicht, wenn es um die Beerdigung der Toten geht. Nein, nein, die Kirche bestimmt, wo's lang geht: Ab in den Staub! »Von Erde bist du genommen, zu Erde, zu Erde sollst du werden.« Das kennt man doch, hört man bei jeder Beisetzung. Typisch: Der Vers stammt aus der Verfluchung des Menschen durch Gott, nachdem Eva im Paradies gegen das Gebot »des Herrn« vom »Apfel-Baum« der Erkenntnis gegessen hatte. Dieser Mythos wurde um 900 v. Chr. aufgeschrieben. Verfluchung! Ja, das hat die Kirche gern. Da hat man was zum Drohen.

Und wie geht's weiter? Liegen bleiben! »Ruhen«, sagt man schönrednerisch. Und die »Totenruhe« darf man nicht stören. Theologisch allerdings kann man sie gar nicht stören. Der Tod ist als völliges »Aus« gedacht. Der Mensch ist mausetot mit Leib und Seele. Ganztod-Lehre nennen das die neunmalklugen Theologen. Und wenn Gott den Zeitpunkt für gekommen hält, so geht die Lehre, dann erinnert er sich jedes einzelnen Toten in der Erde und in den Meeren und ruft sie alle in einen wie immer gearteten Leib zurück. Das geschieht mit einem riesen Brimborium, mit Pauken und Trompeten, sodass den meisten gleich wieder Hören und Sehen vergeht. Und das kommt dann auch nicht von ungefähr: Denn nun wird Gericht gehalten.

Über Dutzende von Milliarden frisch auferweckter Menschenwesen, alle Toten seit, ja seit wann eigentlich? Sind die Neandertaler noch dabei? Oder nur der *Homo sapiens?* Aber der ist auch schon geschlagene 150 000 Jahre alt. Die Menge der am Jüngsten Tag frisch auferweckten Toten ist jedenfalls gewaltig. Im Grunde sind wir nämlich alle nur Touristen auf der Durchreise, hier in diesem rätselhaften irdischen Leben. Auf dieser Reise werden heute weltweit jährlich 70 Millionen Menschen ausgewechselt. Nehmen wir nur unser kleines Deutschland. In diesem Land mit rund 80 Millionen Einwohnern sterben jedes Jahr 850 000 Menschen (und nur 650 000 werden im selben Zeitraum bei uns geboren).

Aber wie hoch immer die konkrete Zahl am Jüngsten Tag ist; die erste Auswahl ist schnell getroffen: Alle, die die falsche Religion hatten, die also nicht Christen waren: Ab in die Hölle! Das sind schon mal neunzig Prozent. Ginge es nur nach dem Evangelisten Matthäus, hätten die Auswahlkriterien nichts mit dem Katechismus-Glauben zu tun. Sondern: Was ihr den Hungrigen, Fremden, Nackten und Gefangenen unter euch nicht getan habt, das habt ihr auch mir, Christus, nicht getan (Matthäus, Kapitel 25, Verse 41 bis 46). Das gilt im Grunde für alle Religionen irgendwo auf der Erde. Es hat sich aber weder im Kirchenglauben noch in der Mission nachhaltig durchgesetzt.

Tatsächlich bekommen nur die Juden einen Sonderstatus. Aufgrund eines uralten Vertrags mit Gott (Bundesschluss) müssen sie nicht gleich in die Hölle, sondern werden erst mal auf die Einhaltung der 613 Ge- und Verbote in der Thora geprüft. Die Christen dagegen müssen hochnotpeinliche Befragungen über sich ergehen lassen. Überall stehen Waagen herum, Bücher werden aufgeschlagen, worin die Taten und Untaten der Menschen vermerkt sind. Hier stehen Heerscharen von Teufeln bereit, uniformierte Ordnungshüter mit Hörnern am Kopf. Sie warten auf die Verurteilten. Aber es gibt auch eine Menge Lichtgestalten, Engel. Sie tragen die »Gerechtfertigten«, die »Begnadigten«, die »Guten« in den Himmel – wo immer der ist. Viele sind das übrigens nicht. Es gibt die berühmte Bibelstelle in der »Offenbarung des Johannes«, da ist von 144 000 Geretteten die Rede. Für den biblischen Autor ist das aber wohl eine symbolische Zahl.

Mein Gott, was für ein Aufwand! Hast du's nicht eine Nummer kleiner? Aber ich bin ja sicher: Das mit Sterben und Tod ist bei dir ganz anders. Dieses ganze Zeug mit der Massenauferweckung kann man einfach vergessen. Es gibt keine Hölle bei dir, guter Gott. Und ein Jüngstes Gericht auch nicht. Auf welch primitives Niveau haben wir dich da nur heruntergeholt!

Doch es muss ja Gründe geben, wie Menschen dazu kommen, sich so etwas auszudenken. Im Koran ist das alles noch drastischer ausgeführt als in der Bibel. Und auch die asiatischen Religionen haben fürchterlich-prächtige Höllen im Repertoire. Ich denke, die Erklärung liegt auf der Hand: Es müssen Menschen gewesen sein, die bodenloses Unrecht erlitten haben, die entsetzlicher Gewalt ausgesetzt waren. Die ständig im Elend leben mussten und zusehen konnten, wie es einigen Wenigen sehr gut ging. Das war und ist in jeder Kultur – unter welchem religiösen Vorzeichen auch immer – das Schicksal des größten Teils der Bevölkerung. Und immer waren die Betroffenen machtlos der Willkür der Oberen ausgesetzt, Königen, Fürsten, Diktatoren, Generälen, Priestern, Kardinälen und Bischöfen, Gutbesitzern, Herrscher-Ethnien, Wirtschaftsbossen, Ausbeutern aller Art, Bankstern, Behörden, großen und kleinen Menschenschindern, Folterknechten und Massenmördern.

Da bist du dann die letzte Hoffnung, Gott. Klar eigentlich: Denn du bist der Schöpfer der Welt, und du bist auch noch allmächtig und allwissend. So hat man sich das jedenfalls vorgestellt, mithilfe der Priester und Kirchen. Folglich hast du dann auch dafür zu sorgen, dass es zumindest nach dem irdischen Leben eine ausgleichende Gerechtigkeit gibt. Dass du während unserer individuell »siebzig Jahre« währenden Lebenszeit auf diesem Planeten nicht für Gerechtigkeit sorgst, das ist den Menschen wohl allmählich klar geworden. Verstehen konnten sie es nie. Wenn du jedoch alle Menschen nach ihrem Tod wieder lebendig machst, dann aber bitte schön! Nun musst du handeln. Jetzt hast du alle Unterdrücker und Peiniger, alle Bösen überhaupt ins ewige Feuer zu werfen. (Im Koran müssen diese dann in kurzen Pausen auf den glühenden Grillrosten heißen Eiter trinken. Steht da wortwörtlich!)

Denkerisch ist solches Bestrafungs- und Rachebegehren schlüssig. Nur kommt man mit dem Denken nicht weit, wenn es um dich geht, Gott. Mystische Spiritualität hat auf die Fragen nach deiner Gerechtigkeit auch keine Antworten. Sie weiß nur aus der Erfahrung deiner Gegenwart, dass bei dir alles ganz anders ist, als wir es uns vorstellen wollen, als es sich die Verfasser irgendwelcher »Heiliger Schriften« vorstellen mögen. Gerecht kannst du gar nicht sein. Was wir Menschen als Gerechtigkeit verstehen, das geht alles unter in deiner anarchistischen, absoluten, also unbedingten und grundlosen Liebe.

Aber die kann man ebenfalls nicht denken. Man kann sie nur erfahren. Und wem diese Erfahrung geschenkt wird, dem schmilzt auf der Stelle alles Fragen und Zagen dahin. Der gepeinigte Hiob (Text siehe S. 52) zürnte Gott, den er »nur vom Hörensagen kannte«. Dann die Wende: Jetzt darf ich dich sehen, ruft Hiob aus, du bist ja da, Gott. Ich widerrufe meine Klagen und atme auf in Schutt und Asche. – Nichts hat sich für Hiob bis dahin konkret geändert; er ist noch immer schwer krank, die Familie tot, Hab und Gut sind verbrannt, das Vieh vernichtet. Aber jetzt zeigt Gott sich – in der Seele –, und alles *ist* gut. Auf der Stelle.

Zurück zum Sterben: Was geschieht denn nun, wenn jemand stirbt? Glauben kann man alles Mögliche. Da wird es beliebig; damit kann man nicht viel anfangen. Und was die Alten in ihren »Heiligen Schriften« fantasiert haben, ist aus heutiger Weltsicht zumeist hanebüchener Unsinn. Ausgenommen wohl die Schriften indischer Seher, die sogenannten Upanischaden (um 500 v. Chr.). Ausgenommen wohl auch das ägyptische und das tibetische Totenbuch. Aber diese beiden Bücher sind schwer zu verstehen.

Für uns aufgeklärte Individualisten kann es zum Thema Sterben und Tod letztlich nur um Annäherung an plausible »Nacherfahrbarkeit« gehen. Natürlich kann uns kein Verstorbener mehr mitteilen, welche Erfahrung er gemacht hat. Zentral geht es deshalb um drei

Fragen: Hat der Mensch eine Seele (einen Geist, ein Bewusstsein), welche nicht mit seinem Körper identisch ist? Was geschieht mit der Seele, wenn der Körper stirbt? Stirbt sie einfach mit oder passiert etwas anderes? Kann man da etwas wiederholbar nachprüfen? Wir werden sehen: Das sind vernünftige Fragen, aber sie sind falsch gestellt. Die Antwort jedenfalls sieht verblüffend anders aus.

Zunächst ein kurzer Ausflug in die Religionswissenschaft. Ich zitiere einen Absatz aus dem Buch »Ewiges Leben oder Wiedergeburt« des Münchner Wissenschaftlers Michael von Brück: »Soweit wir in menschliche Geschichte zurückblicken können, treffen wir auf Vorstellungen von einem ›Leben‹ nach dem Tode. Die ältesten Kulturleistungen der Menschheit, die uns bekannt sind, deuten auf Bestattungs- und Grabriten hin, die damit rechnen, dass der Tote in irgendeiner Form weiter existiert und die Lebenden sich dazu verhalten müssen. Alle Religionen wurzeln in dieser Annahme [...]. Das kulturelle Gedächtnis der Menschheit ist von einem Glauben daran geprägt, dass der physische Tod nicht das letzte Ereignis im Leben des Menschen ist.«

Der Mensch war somit schon in sehr frühen Anfängen des Nachsinnens sicher: Nach dem Tod geht es weiter, in einer Welt, die der unseren ähnelt, obwohl sie ganz anders sein muss. Das Übergangsmedium ist »Geist«. So dachten unsere Ur-Ahnen im Dunkel der Vorgeschichte. Ihre heiligen Männer und Frauen, die Schamanen, suchten diesen Geist in Trance auf. Und noch heute haben alle Hochreligionen im Zentrum ein Wort, das Geist, Atem, Lebensenergie bedeutet: *Prana* (indisch), *Chi* (chinesisch), *Ruach* (orientalisch), *Spiritus* (abendländisch). So ist der Bezug zu einer umfassenderen geistvollen Wirklichkeit schon früh im Menschen verankert.

Dieses Leben ist, wie es scheint, nicht alles, dieses Leben inmitten von Fressen und Gefressenwerden, in das uns niemand hineingebeten hat und aus dem wir alle ungefragt wieder austreten müssen. Es ist umgeben und durchdrungen vom Geist. Und letztlich kannst das ja nur du sein, guter Gott?

Als Nächstes muss ein (sehr) kurzer Ausflug in die Quantenphysik folgen. Jahrhundertelang galt unter Naturwissenschaftlern der Grundsatz: Bewusstsein entsteht im individuellen Gehirn, es ist letztlich materieller Natur. In den Kernforschungsanlagen in Genf und andernorts hat sich das aber nicht bestätigt. Dort, wo man Max Plancks Quantentheorie erforscht, ist man sehr bald nachdenklich geworden. Mehr und mehr wurde deutlich, dass das alte Atom-Modell (das zum Beispiel zur Weltausstellung 1958 in Brüssel symbolisch aufgebaut war) nicht mehr stimmig war. Was Materie ist, entzog sich über lange Zeit erst einmal der sicheren Bestimmung.

Heute wird Materie letztlich als ein Feld von Energieschwingungen definiert. Das Verrückte dabei: Wenn das menschliche Bewusstsein solche Schwingungen im Experiment beobachten will, wird es in das Spiel der Quantensprünge und Spin-Impulse mit einbezogen. Das beobachtende individuelle Bewusstsein beeinflusst ungewollt, was geschieht, wird Teil des Geschehens. Das hat der Physiker Werner Heisenberg in seiner Unschärferelation auf den Punkt gebracht: Atome sind keine Dinge, sondern Tendenzen, und sie reagieren auf den menschlichen Geist, der sie beobachten will. Die Schlussfolgerung kann eigentlich nur sein: Materie und Bewusstsein sind zwei Seiten derselben Medaille. Sie sind nicht zu trennen. Bewusstsein ist wie Materie innerhalb und außerhalb des Menschen. Es gibt »keine objektivierbare Wirklichkeit«, wie schon Max Planck selbst betont hatte.

Vom Philosophen Kant schallt ein 200 Jahre altes Echo herüber. Der hatte das damals schon in reiner Gedankenarbeit herausgefunden. Gestandene Physiker allerdings hören hier mit dem Schlussfolgern zumeist auf: Was Materie ist, wissen wir nicht genau, aber man kann gut mit ihr umgehen. Und wenn ein Mensch stirbt, lösen sich die betroffenen Energiefelder auf. Seele? Geist? Bewusstsein? Alles weg. Genauso argumentieren die Ganztod-Theologen, die Gott das Weltspektakel der Massenauferweckung anheimstellen. Purer Materialismus, buchstäblich geistlos.

Viele Bewusstseinsforscher und spirituelle Theologen gehen den entgegengesetzten Weg. Der Theologe und Mystiker Jörg Zink wendet die Beobachtungen der Quantenphysiker ins Spirituelle. Besteht Materie generell aus Feldern, in denen Energie gebunden ist, so gilt das auch für den Menschen. Er ist gewissermaßen ein Feld aus Geist, Energie und Bewusstsein. Ein Feld, das ganz gewiss auch Zahnschmerzen haben kann. Trotzdem lässt sich die alte Leib-Seele-Aufspaltung des Menschen nicht aufrechterhalten. Wir sind ein Ganzes (griechisch: ein *Holon*). Zink wörtlich: »Geist und Materie sind sich gegenseitig einfaltende Projektionen einer größeren Wirklichkeit, die weder Materie noch Geist ist.« So gesehen kann sich im Sterben auch nichts trennen. Der Holismus geht davon aus: Sterben bedeutet eine unmittelbare Transformation in diese größere Wirklichkeit hinein. Man darf an Paulus erinnern: Wir werden alle »in einen überirdischen Leib verwandelt«, und zwar »plötzlich und in einem Augenblick«.

Zu diesem Ergebnis kommt auch der amerikanische Psychiater Stanislav Grof. In jahrzehntelanger experimenteller Forschungsarbeit zum Thema Bewusstsein hat er unglaubliche Zusammenhänge aufgedeckt. In über zwanzig Werken hat er sie vorgestellt. Ich kann hier nur das wichtigste Ergebnis zusammenfassen: Grof hat eine Atemtechnik entwickelt, mit der Probanden methodisch in »außerordentliche Bewusstseinszustände« versetzt werden können (Holotropes Atmen).

In solchen Experimenten, durchgeführt und begleitet von geschulten Fachleuten und auf Video aufgezeichnet, ereignet sich Erstaunliches: Die Probanden machen Erfahrungen, die unser gewohntes Weltbild vollkommen außer Kraft setzen. Es ist, als hätten sie einen hauchdünnen Schleier durchquert in eine neue Wirklichkeit. Sie geraten in einen Zustand, in dem Gegenwart, Vergangenheit und Zukunft gleichzeitig existieren. In 3D-Qualität werden sie mitten hineingezogen in Landschaften, Meere, Vulkane, kosmische Ereignisse, Städte, menschliche Händel. Sie schauen zum Beispiel ein schönes

Wildtier und werden gewahr, dass sie gleichzeitig das geschaute Tier selbst sind und es von innen her empfinden.

Das klingt alles völlig überdreht, ist aber sorgfältig dokumentiert. »Diese Erlebnisse legen nahe«, schreibt Grof, »dass jeder von uns in einer noch nicht geklärten Weise Informationen über das ganze Universum oder die Gesamtheit der Existenz besitzt und in gewissem Sinn das gesamte kosmische Netzwerk selbst ist – wie er auch gleichzeitig nur einen unendlich kleinen Teil dieses Kosmos, ein isoliertes und unbedeutendes biologisches Wesen darstellt. Kurz: Der individuelle Mensch ist einerseits Teil des kosmischen Bewusstseins, eingebunden in sein beschränktes ›Ich‹, andererseits kann er sich auch als das Ganze selbst erfahren. In jedem Teil ist das Ganze *(Holon)* komplett enthalten: Holismus.« Letztlich heißt das aber auch: Unser individuelles Bewusstsein funktioniert auch außerhalb unseres Körpers. Es ist nicht im Körper eingeschlossen, es reicht so weit wie der ganze Kosmos.

Grofs Forschungsergebnisse decken sich mit visionären Erfahrungen von Mystikern aller Zeiten. Ganz besonders in den Atman-Brahman-Visionen der indischen Upanischaden. Und bei islamischen wie bei christlichen Mystikern tauchten schon vor Jahrhunderten dieselben Formulierungen auf wie heute bei Grof. Zum Beispiel bei Eckhart: »Denn in der Ewigkeit gibt es kein Gestern noch Morgen, da gibt es nur ein gegenwärtiges Nun; was vor tausend Jahren war und was nach tausend Jahren kommen wird, das ist da gegenwärtig, und ebenso das, was jenseits des Meeres ist.« Und: »Im Innersten der Seele (des Bewusstseins) sind dir alle Dinge gegenwärtig. Warum merkst du davon nichts? Weil du dort (noch) nicht zu Hause bist.«

Und auch dies stammt von dem großen Mystiker aus Erfurt: In einer gelingenden Meditation, so merkt er einmal an, kann sich diese Erfahrung einstellen: »Schauen und das Geschaute selber sein«. Bei indischen Mystikern heißt es, formuliert in der berühmten *Chandogya-Upanishad:* Das Ganze der Welt, das Brahman, das bist du selbst, Atman (das atmende Individuum). Wörtlich: *Tat tvam asi,* das bist du selbst. Somit: Das ganze Universum ist ein Bewusstseinsfeld. Raum und Zeit existieren in diesem Bewusstseinsfeld nicht, auch nicht Vergangenheit, Gegenwart und Zukunft. Und geht es nach hinduistischen und buddhistischen Heiligen, ist dieses Bewusstseinsfeld ein Meer von *Satchidananda,* von absoluter Seligkeit, von absoluter Erkenntnis und absolutem Sein.

Der europäische Mystiker des 13. Jahrhunderts, Meister Eckhart, hat dafür ein anderes Wort gefunden als die fernöstlichen Heiligen. Er nennt das große Bewusstseinsfeld »von Freude durchkitzelt«. Damit zeigt der große Mystiker, dass er aus derselben Spannung zwischen persönlichem Gott und gottloser Gottheit lebte wie viele fernöstliche Religionsvertreter auch. Das möchte ich hier einmal kurz grundsätzlich beleuchten:

Mystik ist »Erkenntnis Gottes aus Erfahrung«, *cognitio dei experimentalis,* wie die mittelalterliche Formel lautet. Dabei geht es oft schlicht um die Erfahrung Gottes als »unmittelbar gegenwärtig«, was eine weithin anerkannte Definition von Mystik ist. Und so möchte ich die folgenden Überlegungen in persönlicher Grundierung entfalten, denn die Erfahrung Gottes als »unmittelbar gegenwärtig« ist mir durchaus vertraut. Eröffnet hat sie mir Meister Eckhart, dessen 750. Geburtstag sich im Jahr (2010) jährte und dessen Übereinstimmungen mit Lehren in fernöstlichen Religionen mich gerade herausfordern. Die Predigten dieses Dominikanergelehrten aus Erfurt haben mir einst die existenzielle Unmittelbarkeit zu Gott erschlossen, in der ich immer wieder Resonanz erfahre.

Mein Problem dabei: Ausgerechnet Eckhart spricht nie von persönlichen mystischen Erfahrungen. Sie sind bei ihm nur indirekt zu erschließen, worüber sich große Eckhart-Forscher einig sind. Der Form nach ist Eckhart weithin intellektueller Scholastiker. Zeitweilig war er ja Professor auf dem bedeutendsten theologischen Lehrstuhl des Mittelalters, an der Sorbonne in Paris. Gleichwohl sprengt die tief innerliche Mystik dieses Dominikanermönchs immer wieder seine theologischen Ausführungen. Besonders, wenn er seine Spekulationen über das Sein an sich und über die Gottheit hinter Gott aus dem abgegriffenen Gelehrten-Latein des Mittelalters ins Deutsche übertragen muss; ins Mittelhochdeutsche seiner Predigt-Hörerinnen und Hörer, die oft aus dem einfachen Volk kamen. Diese Übertragung verlangte ihm immer wieder ureigene Wortschöpfungen ab. Und aus ihnen lugt nun allerdings herzpersönlichste Mystik hervor. Hier eine kleine Auswahl aus Hunderten ähnlicher Sentenzen:

»Die Seele nimmt ihr Sein unmittelbar von Gott, darum ist Gott der Seele näher, als sie sich selbst ist.« »Man soll Gott nicht als außerhalb von einem selbst erfassen und ansehen, sondern als mein Eigen, als das, was in einem ist.« »Der Mensch soll sich nicht genügen lassen an einem gedachten Gott, denn wenn der Gedanke vergeht, so vergeht auch der Gott.« »So soll der Mensch von göttlicher Gegenwart durchdrungen sein und in ihm verwesentlicht sein.« »Mit alledem schmiege dich ganz an ihn.« Und: »Sehet, so liebkost Gott uns.«

Eine entsagende Ergebenheit in den liebenden Gott, Innerlichkeitsmystik, kennt auch der Hinduismus. Sie wird in Indien *Bhakti* genannt, wobei der geliebte und zugleich liebende Gott äußerlich unterschiedliche Namen, Gestalten und mythologische Wurzeln haben kann. Theistische Bhakti-Frömmigkeit ist der Hauptstrom in den vielerlei Spielarten hinduistischer Religiosität. Eckhart nun hat die christliche Version solcher Bhakti-Mystik in seinen Predigten entfaltet. An die 70 Predigten sind uns überliefert (Diogenes-Taschenbuch).

Doch dass Eckhart über seine eigenen mystischen Bhakti-Erfahrungen schweigt, ist nicht das einzige Problem, das mir mein Lebemeister aus Erfurt bereitet. Der innig geliebte und als gegenwärtig erfahrene Gott verliert bei Eckhart oft im selben Atemzug eines Satzes unvermittelt jede Personalität. Plötzlich ist da nur noch ein »Grund«, in dem die Seele und alle Kreatur versinken soll, der aber gleichzeitig »von Freude durchkitzelt« ist. Ein Grund, der der Seele immer schon zu eigen ist, den sie nur durch alle irdischen Nichtigkeiten hindurch wiedererkennen muss, indem sie »nichts will, nichts weiß und nichts hat«.

Diese atemberaubende Spannung in Eckharts Mystik bin ich schon früher gewahr geworden. Bei Willigis Jäger, Michael von Brück und anderen Autoren wird sie klar benannt. Auch die alten Seher und *Rishis* der Inder, ebenso Hindu-Theologen wie der große Shankara (700 nach Christus) bewegen sich ständig im Spannungsfeld von personaler Mystik und Erfahrung der Alleinheit des Seins, genannt Nichtzweiheit, *Advaita*. Das meditationsgestützte Nachdenken über Nichtzweiheit wird *Jnana* genannt und ist neben der Bhakti die andere große religiöse Strömung in Indien. Ich habe diese Spannung zwischen personaler Mystik und Seinsmystik einfach verdrängt und mich mit der theistischen Hälfte begnügt, die bei mir zumindest einen sicheren Erfahrungshintergrund hat.

Jetzt aber haben mir die Bücher des Eckhart-Kenners Hans Torwesten diese Verdrängung so stark ins Bewusstsein gerufen, dass eine Auseinandersetzung unvermeidbar wurde, Eckhart gegen Eckhart gewissermaßen. Torwesten, Schriftsteller und Maler im Chiemgau, ist in jungen Jahren, nach einer Internatserziehung bei Franziskanern und einem Studium an der Wiener Kunstakademie Novize des hinduistischen *Ordens der Ramakrishna-Mission* geworden. Sechs Jahre lang lebte er zusammen mit Mönchen dieses weltweit verbreiteten Ordens in einem Aschram in London. Er kennt sich in beiden religiösen Welten aus, der christlichen wie der hinduistischen. Er schreibt über den *Vedanta,* also die Alleinheits-Theologie der im ersten vorchristlichen Jahrtausend in Indien entstandenen heiligen Schriften der Upanischaden. Er schreibt über Ramakrishna, den in Indien heute allbekannten Priester der Göttin Kali, der Anfang des 19. Jahrhunderts am Ganges lebte und »durch den sich das ganze Indertum in unseren Tagen noch einmal offenbart hat« (Martin Buber). Torwesten hält Ramakrishna neben Christus für eine Inkarnation des göttlichen Grundes der Welt. Liest man seine Ramakrishna-Biografie, kommt man aus dem Staunen über diesen virtuosen Heiligen nicht heraus.

Aber Torwesten schreibt auch über Eckhart. Und er zieht dabei Parallelen zu den Upanischaden, zu Ramakrishna wie zu dessen Schüler

Vivekananda, der den Vedanta Ende des 19. Jahrhunderts nach Amerika brachte und den Ramakrishna-Orden gründete. In Torwestens Darstellung west-östlicher Mystik wird nun der Eckhart sichtbar, der mir selbst bislang fremd geblieben ist und den ich gerne verdrängt habe. Es ist der Eckhart, der sagt, es gebe etwas, das größer ist als Gott, etwas, das diesen selbst noch umfasse als die weiselose Gottheit oder einfach als »der grunt«.

Nach der traditionellen christlichen Definition kann es das nicht geben, denn Gott ist der Allmächtige, der die Welt und das Leben aus dem Nichts erschaffen hat. Und dennoch hat selbst die christliche Scholastik in den Spuren von Plato und Aristoteles immer wieder gerätselt, wie sich denn das Sein selbst zu Gott verhalte. Gehört Gott in dieses Sein mit hinein, ist er dieses eine Sein selbst, oder steht er diesem Sein gegenüber? Aber wie kann er dem Sein gegenüberstehen, wenn er selbst »ist«, also Sein hat?

In kristallklarer Darstellung seziert Torwesten Eckharts Aussagen zu diesem Grund. Und von solchen Aussagen gibt es viele. Hier ein paar Beispiele: »Alle Kreaturen sind in Gott und sind seine eigene Gottheit.« »Gott ist alles und ist eins«, gleichzeitig aber ist er »weder dies noch das« (Sanskrit: *neti, neti)*. »Gott und Gottheit sind unterschieden durch Wirken und Nichtwirken ... Wenn ich in den Grund der Gottheit komme, so hat mich dort niemand vermisst, dort ent-wird Gott.« »Hier ist Gottes Grund mein Grund und mein Grund Gottes Grund ... Aus diesem innersten Grund sollst du alle deine Werke wirken – ohne Warum.« »Darum bitten wir Gott, dass wir Gottes ledig werden und dass wir die Wahrheit dort im Grund erfassen und ewiglich genießen.«

Torwesten geht solchen Worten Eckharts auf den Grund: »Der Mut, auf den Grund zu gehen«, so der Titel seines Buches, ist für ihn immer auch der Mut, »Zu-Grunde-zu-gehen«, ein Prozess, in dem das Ego schwindet, um in der großen Seele aufzugehen, die zugleich das Weltganze ist. Im Indischen stehen dafür die Begriffe *Atman* (Seele) und *Brahman*. Und die berühmte Sanskrit-Formel aus der Chandogya-

Upanischad lautet dann »Tat tvam asi«, du, Atman-Seele, bist selbst das Ganze, das Brahman. »Im Grunde« hat Eckhart das mit anderen Worten genau so gesagt.

Allerdings: Wer so redet, hat zumeist irgendwann einmal den Bewusstseins-Knall urplötzlicher Einheitsschau erfahren dürfen. Viele, wie Willigis Jäger, Ramakrishna, Vivekananda und auch Hans Torwesten, erzählen davon. Eckhart allerdings schweigt auch von solcher Erfahrung. Und mir selbst ist eine mystische Einheitsschau, ein »Grund-Erlebnis« noch nicht zuteil geworden. Aber seit meiner Auseinandersetzung mit Hans Torwesten bin ich dafür sehr viel aufgeschlossener. Dennoch: Noch mag ich Gott nicht bitten, dass er mich Gottes ledig mache. Dafür liebe ich ihn zu sehr, egomäßig.

Für den modernen Bewusstseinsforscher Stanislav Grof dagegen gibt es von vornherein keine lebendige Gottheit in oder vor dem von Liebe und Licht durchfluteten Bewusstseinsfeld Welt. Allerdings: Grof selbst und die Vertreter der von ihm mitbegründeten »Transpersonale Psychologie« werden den Ruf nicht los, sie seien Esoteriker. Dabei untersuchen und dokumentieren sie nur rätselhafte Phänomene, die vielen Menschen widerfahren, ohne dass die Naturwissenschaft eine Erklärung für sie hätte. Jahrzehntelang weigerte man sich unter Naturwissenschaftlern, solche Phänomene überhaupt wahrzunehmen. Man tat sie einfach als »spinnert« ab. Heute hat sich das geändert. Man nimmt immerhin zur Kenntnis, dass auf dem Feld der »Esoterik« Dinge vorkommen, die nicht fantasiert oder getrickst sind und für die man keine Erklärung hat. (Neben all dem Quatsch, den es unter dem Label »Esoterik« auch gibt …)

Ich will hier nur ein paar solcher Phänomene anführen. Sie mögen Shakespeares kluge Ahnung belegen, die er seinem Hamlet in den Mund legt: »Es gibt mehr Dinge im Himmel und auf Erden, Horatio, als Eure Philosophie (eure Schulweisheit) sich träumen lässt.«

Was ist denn zu halten von einem Chirurgen, der berichtet, sein Patient, ein Bäckermeister, habe beim Erwachen aus der Narkose minutenlang klassisches Latein gesprochen, das er nie gelernt hatte? Dass

Menschen in und nach außerordentlichen Lebensumständen plötzlich eine Sprache sprechen, die sie sich zu keiner Zeit angeeignet hatten, dieses Phänomen ist heute weltweit vielfach dokumentiert worden. Der Fachausdruck dafür ist »Xenoglossie«. Und, bitteschön: Auch die Legende, die das christliche Pfingstfest begründet, erzählt von solchen nicht gelernten Fremdsprachen (Text siehe Seite 67).

Was ist zu halten von einem Psychologen und Schriftsteller (Ernst Augustin), der in einem seiner Romane autobiografisch bekundet: Plötzlich stehe ich hellwach neben dem Sessel, in dem ich doch gerade sitze und Zeitung lese. Auch solche Erfahrungen sind weltweit gut (und kritisch) dokumentiert. Sie werden »Out-of-Body-Experience« genannt. Und sie können höchst abenteuerliche Formen annehmen. Mystischer Spiritualität liegen oft solche Erfahrungen zugrunde. Und was sagt zum Beispiel Paulus denn anderes über seine Erfahrung vor Damaskus: »Ich war im dritten Himmel, ich kann nicht sagen ob im oder außerhalb des Leibes, nur Gott weiß es, aber ich hörte unaussprechliche Worte.«

Zu bedenken sind an dieser Stelle auch die unendlich vielen Fälle, in den Menschen von früheren Leben erzählen, an die sie sich in bestimmten Situationen ihres heutigen Lebens plötzlich und glasklar erinnern. Da gibt es »un-glaubliche« Berichte. Übrigens bei Menschen aus fast allen Religionen. Eine der inzwischen zu Klassikern gewordenen Dokumentationen heißt »Reinkarnation«, ein Buch des 2007 verstorbenen amerikanischen Psychiaters Ian Stevenson. Man kann viele solcher Berichte von früheren Leben nicht mehr als Fantasien abtun. Immer wieder kommt es vor, dass sich bestimmte Aussagen heute noch nachprüfen und belegen lassen: Lokalitäten oder Gerätschaften, Namen, Gebräuche und anderes mehr.

Naturwissenschaftler und Ärzte können bei solchen Phänomenen nur mit den Schultern zucken. Das alles passt nicht in die gültigen Parameter strenger Naturwissenschaften. Dennoch fällt auf, dass bei Untersuchungen des bislang bedeutendsten Phänomens der »Esoterik« gerade viele Ärzte beteiligt sind. Die sogenannten Nahtoderfahrungen, englisch »Near-Death Experiences«, sind besonders durch Mediziner gut dokumentiert. Und das seit mittlerweile über dreißig Jahren. Am Anfang stand allerdings ein Philosoph, der amerikanische Professor Raymond Moody. Er hatte einfach Geschichten über das Sterben aufgeschrieben, die er von überallher zusammensuchte. »Leben nach dem Tod« hieß das Buch, das ihn berühmt machte. Es wurde millionenfach verkauft und in andere Sprachen übersetzt (deutsche Ausgabe 1975).

Beeindruckt von dem Buch waren mancherlei Ärzte, die ja oft genug mit dem Tod zu tun haben. Diese Ärzte waren mutig genug, einigen fantastischen Berichten von Patienten nachzugehen. Patienten, die zum Beispiel behaupteten, sie hätten ihrer Operation von der Decke des Saals aus zugesehen, obwohl sie doch narkotisiert da unten auf dem Operationstisch lagen. Und dann sagen einige auch noch, sie seien hernach durch die Wand des Krankenhauses geflutscht und hätten das Gebäude überflogen, bis sie wieder in ihrem Krankenbett zu sich gekommen seien.

Welcher Arzt lässt sich auf so etwas ein? Hier ein paar Namen von Frauen und Männern, deren Bücher zum Thema »Leben nach dem Tod« heute längst Klassiker sind: Elisabeth Kübler-Ross, Neurologin; Michael Sabom, Herzchirurg; Kenneth Ring, Psychiater. Ihnen folgten bald Dutzende weiterer Ärzte und Psychiater nach.

Schon die erste Generation der Todes-Forscher hatte es rasch mit noch ganz anderen Geschichten als jenen des »An-der-Decke-Hängens« zu tun. Nach Autounfällen oder kritischen Operationen erzählten Patienten Geschichten, die sich völlig fantastisch anhörten. Immerhin: Es waren Menschen, die dem Tod sehr nahe gewesen, die aber von den Ufern des Todes zurückkehren durften und wieder genesen waren. Und dennoch erzählten die meisten oft erst nach Jahren, was sie erlebt hatten, ja was sich ihnen ins Gedächtnis eingebrannt hatte. Sie hatten schlicht Angst vor den Reaktionen der Zuhörer. Als solche Berichte dann doch immer öfter erzählt und beachtet wurden, merkte man bald: Alle diese Geschichten haben ein wiederkehrendes Muster.

Da geht es um den rasend schnellen Flug durch einen dunklen Tunnel, der in einem Licht von unbeschreiblicher Intensität endet. Da geht es um den Lebensfilm, in dem in gefühlter Sekundenschnelle das ganze eigene Leben bis in kleine Details vor dem geistigen Auge vorbeizieht. Da geht es um plötzliche Stille und ein totales Wohlbehagen. Es geht um die Begegnung mit verstorbenen Verwandten. Da geht es um das Empfinden, einen engelähnlichen Begleiter neben sich zu haben, mit dem man gemeinsam das eigene Leben betrachtet und beurteilt, was in wortloser Kommunikation geschieht und ohne jede Verurteilung. Es geht um ein Eintauchen in ein »Meer« aus Licht und Liebe; um das Schauen wunderschöner Landschaften, Flüsse, Bäume, Tiere, in die man sich gleichzeitig selbst verwandeln kann. Und da geht es schließlich um den Aufruf, ins irdische Leben zurückzukehren, gegen den man sich mit allen Kräften wehrt. Dennoch: Es folgt das »Erwachen« im Körper, der noch von den Schmerzen des Unfalls oder der Operation gezeichnet ist.

Das Muster in diesen Erzählungen ist sehr variabel. Manche erleben die Dinge auch nur partiell, nur den Lebensfilm oder nur das Tunnelerlebnis. Äußerst selten wird von dunklen und grauenvollen Erfahrungen berichtet. Der Tunnel kann zum Beispiel nur ein dunkler Raum sein, oder es geht um einen Zug in einem Tunnel. Statt der gehörten Aufforderung, ins Leben zurückzukehren, kann in solchen Berichten auch die Rede sein von einer Barriere, an der man nicht weiterkommt und umkehrt. Und schließlich: Alles ist eindeutig von sozialen und religiösen biografischen Prägungen solcher Patienten durchfärbt.

Das wird zum Beispiel in dem 2012 in den USA erschienenen Buch des renommierten Neurologen Eben Alexander deutlich: »Blick in die Ewigkeit«. Der eigentlich glaubensskeptische Autor beschreibt darin sein eigenes siebentägiges Nahtoderlebnis im Krankenbett und deutet es im Denken des evangelikalen Milieus, in dem er aufwuchs und das ihn zum Teil noch umgibt. Der lesenswerte Bestseller ist im März 2013 in deutscher Übersetzung erschienen.

Prägungen schlagen immer durch: Bei gläubigen Christen zum Beispiel ist der engelähnliche Begleiter eindeutig Jesus selbst, bei Muslimen oft der Erzengel Gabriel. Bei Atheisten, denen solche Nahtoderfahrungen ebenso widerfahren wie einem Gesamtdurchschnitt aller Zeitgenossen (ungefähr 10 Prozent), ist es oft einfach eine Lichtgestalt.

Fest steht in allem: Die Patienten sind vollkommen sicher, alles real erlebt und nicht etwa geträumt zu haben. Und fest steht des Weiteren, dass viele Nahtoderfahrene ihr Leben danach neu orientieren, dass sie jede Angst vor dem Tod verloren haben und dass einige sogar telepathische Fähigkeiten an sich bemerkten. Zum Beispiel konnten Personen anhaltend voraussagen: Gleich wird das Telefon klingeln, und ich kann auch schon sagen, wer dran ist.

Heute, über dreißig Jahre nach Moody, sind Nahtoderfahrungen von vielen Ärzten und an vielen Institutionen weltweit gut erforscht – auch in islamischen Ländern und in Asien, wo Nahtoderfahrungen in den typischen Phasen ebenso dokumentiert sind wie in den USA und Europa. Neurologen wie Michael Schröter-Kunhardt oder der Kardiologe Pim van Lommel haben mittlerweile auf nachprüfbaren Experimenten beruhende Bücher geschrieben. Nachgewiesen ist besonders, dass eine Nahtoderfahrung nichts mit Sauerstoffmangel im Gehirn eines Menschen in Todesnot zu tun hat. Auch die These, das Gehirn spiele dem Sterbenden in den letzten Sekunden noch einmal furioses Gedankenkino vor, ist rundum widerlegt. Es gibt beim Sterben keinen letzten Gnadenakt der Natur. Das wird besonders deutlich belegt durch die jüngsten Einsichten der sogenannten Nahtodforschung.

Dabei geht es um Menschen, die die typischen Nahtoderfahrungen machten, obwohl sie überhaupt nicht in Todesnot waren. So stellten sich Nahtoderlebnisse spontan ein beim Blumenpflücken auf der Wiese zum Beispiel. Oder beim Musikhören, beim Joggen, am Küchentisch und beim Meditieren. Das alles ist gut belegt. In Deutschland kann man sich dazu kundig machen beim »Netzwerk-Nahtoderfahrung e. V.«, in dessen Vorstand unter anderem Mathematiker, Psychologen, Ärzte und Ökonomen mitarbeiten.

Natürlich bleiben Nahtoderfahrungen ein Rätsel. Frappierend sind Ähnlichkeiten mit Erfahrungen von Mystikern rund um den Erdball, mit den Berichten von Schamanen in Nordasien, bei den Eskimos oder im brasilianischen Urwald von ihren Initiationsriten. In solchen Riten geht es für den angehenden Schamanen eines Stammes um Leben und Tod. Das war übrigens anfänglich auch bei der christlichen Taufe vorgesehen, von der wir ja heute nur noch einen symbolischen Abglanz kennen. Ursprünglich wollte sie als eine Art religiöses Waterboarding den Täufling in Todesnähe bringen, aus der er »wiedergeboren« zum Leben mit Christus zurückkehren sollte.

Zwei Erkenntnisse aus dem Vorangegangenen sind heute sicher: Nahtoderfahrungen sind zum Teil symbolischer Natur. Sie spiegeln gewissermaßen das Jenseits in schönen Bildern des Diesseits (Kleidungen, Landschaften, Gesichter) wider. Dennoch kann man in ihnen so etwas wie einen »Sog von drüben« erkennen oder, wie es ein Forscher sagte: Nahtoderfahrungen sind ein kurzer Ausflug ins Jenseits. Auffallend bleibt: Alle, die eine *umfassende* Nahtoderfahrung machten, bekunden, dass die Begegnung mit dem Licht der wesentliche Teil der Erfahrung sei, und sie gehe immer einher mit einem überwältigenden Gefühl bedingungsloser Liebe und Akzeptanz. Man sei in diesem Moment völlig in das erleuchtende und allumfassende Bewusstsein aufgenommen. – Diese und ähnliche Formulierungen finden sich in unzähligen Protokollen von Nahtoderfahrungen rund um den Erdball.

Zum anderen legen bestimmte Nahtoderfahrungen nahe, was Quantenphysiker mittlerweile ahnen, Mystiker, Transpersonale Psychologen aber lange schon wissen: Das Bewusstsein des Individuums, und zwar sein ganz persönlicher, nur ihm selbst gehörender Bewusstseinskosmos, existiert auch unabhängig von seinem Gehirn.

Das hat zuletzt der holländische Kardiologe Pim van Lommel herausgearbeitet, besonders nachvollziehbar in seinem Buch »Endloses Bewusstsein – Neue medizinische Fakten zur Nahtoderfahrung« (Patmos, 2009). Unter anderem schildert er den Fall einer Patientin, deren Gehirnaktivitäten er wegen einer kritischen Herzoperation sozusagen auf null »heruntereisen« musste. Keinerlei Hirnaktivitäten, aber gleichzeitig – wie sich später herausstellte – eine Nahtoderfahrung »vom Feinsten«. Volles Selbstbewusstsein bei absoluter Bewusstlosigkeit!

Van Lommel: »Genau wie der Computer funktioniert das Gehirn als Sender/Empfänger. Wenn man den Computer ausschaltet, hat man keinen Zugang mehr zu den Milliarden von Websites im Internet. Sie können jedoch immer noch weltweit fast gleichzeitig empfangen werden. Genauso verhält es sich mit dem Bewusstsein. Es ist immer präsent. Während unseres Lebens können wir gewisse Aspekte des Bewusstseins als unser Wachbewusstsein in unserem Körper erfahren.«

Das Bewusstsein ist nicht an das Gehirn gebunden. Es ist sowohl *individuelles* Teil des Ganzen als auch das Ganze selbst: *Tat tvam asi.* Somit: Die Seele existiert auch nach dem Tod.

Das kann auch die genannten esoterischen Phänomene in außerordentlichen Bewusstseinszuständen erklären: In der Welt des »endlosen Bewusstseins« existieren alle Sprachen der Erde, in Vergangenheit und Gegenwart. Dort ist alles sozusagen »out of body« und ebenso ist Zugang zu einst gelebten Existenzen möglich – die nicht die eigenen gewesen sein müssen. Diese Vorstellung eines »Weltgedächtnisses« findet sich schon bei dem mystischen Philosophen Plotin (um 250 in Rom) und später zum Beispiel bei dem Arzt Paracelsus (1520).

Jetzt bist du also so etwas wie ein endloses Bewusstsein, Gott. Auch wieder so etwas Unpersönliches. Obwohl: Bewusstsein ist ja das Persönlichste selbst. Wie dem auch sei, mein guter Gott. Ich bin sicher: Im Sterben werden wir alle unser blaues Wunder erleben. Plötzlich und in einem Augenblick. Und es wird ein schönes Wunder sein – bei Gott.

Kirche, die ihr Geld nicht mehr wert ist

Kirche und Gesellschaft: Zwei, die sich auseinanderleben

Diese beiden Zitate haben es in sich: »Wir leben sicher in der gottlosesten Gesellschaft, die es je gab. Dabei ist Deutschland freier, offener und humaner als je zuvor« (Michael Schmidt-Salomon, Schriftsteller). Und: »Die Kirchen spielen in der Gesellschaft keine Rolle mehr. Darin sehe ich nichts Schlimmes. Der Bedeutungsverlust hat die westliche Gesellschaft freier, offener und toleranter gemacht« (Hans-Olaf Henkel, früherer Präsident des Bundesverbands der Deutschen Industrie). Ja, Kirche und Gesellschaft haben sich auseinandergelebt. Man ist nett zueinander, aber man hat sich nichts mehr zu sagen.

Vorbei sind die Zeiten, als Priester und Pfarrer die Menschen infolge biblisch eingebläuter Schuldgefühle noch kontrollieren konnten. Vorbei ist die religiöse Gängelung, die Lebenskontrolle, die die Kirchen ungeniert bis tief ins Privatleben der Leute betrieben. Sexualität und Ehe, Krankheit und Sterben – alles wollten sie im Namen Gottes verwalten, im Griff behalten. Alles war der Kirche als Herrschaftsmittel wichtig. Ständig hat sie Gehorsam eingefordert. Alle Errungenschaften der Aufklärung mussten gegen ihren härtesten Widerstand durchgesetzt werden, Demokratie, Freiheit der Wissenschaft oder die Gleichberechtigung der Frau. Sah sich die Kirche doch als Heils- und Gnadenanstalt, deren Bischöfen stellvertretend »gegeben ist alle Macht im Himmel und auf Erden«, wie es im gefälschten biblischen Missionsbefehl heißt (Text siehe Seite 66). Noch heute leben katholische Bischöfe in diesem absolutistischen Wahnverständnis. Sie sind sozusagen die letzten absoluten Monarchen der Erde, rund 4000 Exemplare weltweit. Und noch heute versuchen Vertreter der Kirchen fürsorglich für alle Deutschen zu entscheiden, wie sie den Sonntag zu achten haben, dass sie am Karfreitag jegliches Amüsement zu meiden haben, wie sie zeugen und sterben sollen. Sie wollen nicht nur die Regeln für ihre eigenen Mitglieder machen, arbeitsrechtlich zum Beispiel, sondern sie meinen immer noch, die ethischen Spielregeln aller bestimmen zu sollen. Aber das sind nur die letzten Zuckungen einer absterbenden Organisation.

Fakt ist: Die Kirchen schrumpfen immer stärker. Dabei geht es weniger um die stetig zunehmenden Austrittszahlen oder die sogenannten Sterbeüberschüsse, weil ja in unserem Land mehr alte Menschen wegsterben als neue geboren werden. Es geht schlicht darum, dass die Menschen das Interesse an ihrer Kirche erdrutschartig verlieren. Bei dem, was deren Vertreter die Leute glauben machen wollen, ist das ja auch kein Wunder …

Statistisch sieht es so aus: Von den 48 Millionen eingeschriebenen Mitgliedern beider Konfessionen zusammen (2012) halten sich zehn Prozent noch mehr oder weniger intensiv zu ihrer Pfarrgemeinde, also 4,8 Millionen. Religionssoziologen, auch kirchliche, haben diese Zahl in vielen Studien erfragt, protokolliert und abgeklopft. Bei ihnen heißt die Gruppe der zehn Prozent: »Traditionschristen«.

4,8 Millionen Traditionschristen, in Deutschland fast je zur Hälfte katholische und evangelische; ein bis zwei Prozent der Evangelischen wiederum sind evangelikal, fundamental bibelorientiert. Immerhin: Deutschland gehört damit zu den wenigen Ländern der Erde, in denen zwei gleich große, ziemlich unterschiedliche Konfessionen seit Jahrzehnten friedlich und wie selbstverständlich zusammenleben (nach jahrhundertelangem gegenseitigem Köpfe-Einschlagen freilich). Alle zusammen sind sie die »Kirchenfrommen«, wie Eugen Drewermann sie nennt. Einschließlich des leitenden und verwaltenden Überbaus ist das die eigentliche Organisation Kirche in diesem Land. Das ist die geschlossene Gesellschaft »fertiger Wahrheitsbesitzer« (Drewermann).

Die übrigen neunzig Prozent Kirchenmitglieder sind Zeremonie-Konsumenten, Weihnachts-Folkloristen und Gewohnheits-Mitglieder. Viele von ihnen gestalten sich ihre religiöse Überzeugung im spirituellen Auswahlverfahren. Das haben unter anderem zwei in Vier-Jahres-Abständen von der katholischen Kirche beim Sinus-Institut Heidelberg in Auftrag gegebene Studien erwiesen. Darin wurden die (rund zwölf) unterscheidbaren sozialen Milieus der Deutschen und der Einfluss der Kirche in ihnen untersucht. Ergebnis: Nur noch zwei bis drei solcher Milieus werden von der Kirche erreicht. Über 40 Prozent der fast 81 Millionen Deutschen sind ohnehin gar nicht mehr in der Kirche, sind »konfessionslos«, was nicht heißt, sie seien alle hartgesottene Atheisten. In einer Großstadt wie Hamburg liegt der Anteil der Konfessionslosen heute bei 49 Prozent. In den neuen Bundesländern kommt die Kirchenmitgliedschaft selten über 15 Prozent hinaus. Es gibt andere Landstriche, da sieht es für die Kirchen besser aus. Das östliche Oberfranken zum Beispiel ist heute so etwas wie ein Naturschutzpark Gottes.

Dennoch: Stetig verliert selbst noch die öffentliche Hauptfunktion der Kirchen an Bedeutung, das Angebot an familienorientierten Zeremonien. Die Zahl der kirchlichen Trauungen, Taufen und Beerdigungen ist seit zwanzig Jahren gleichmäßig und spürbar rückläufig. Nichtkirchliche Zeremonienmeister, solche also, die auf eigene Rechnung Hochzeitsfeiern, Beisetzungen oder »Jugendweihen« anbieten, liegen gut im Geschäft. Und die Besucherzahlen der Gottesdienste gehen auch stetig zurück: 13 Prozent der Gemeindemitglieder bei den Katholiken und beschämende 3,5 Prozent bei den Evangelischen. Da hocken dann dreißig Leute in einer Kirche, auf deren starren Kirchenbänken 300 Besucher Platz nehmen könnten.

Dabei gilt der übliche Sonntagsgottesdienst noch immer als das offizielle Zentralereignis der Gemeinde. Man muss diese Unwirklichkeit, Beziehungslosigkeit und die Zufälligkeit, mit der die Besucher über den Raum zerstreut sind, einfach einmal auf sich wirken lassen. Was für eine Illusion von Gemeinschaft! Dann die Monologpredigt des Pfarrers, die Unverständlichkeit der Liturgie. Als sei man in ein Museum gekommen, in dem gerade ein Ereignis aus der Vergangenheit anschaulich vor Augen geführt werden soll.

Bleiben die großen Wohltätigkeitswerke der Kirchen, der Caritas-Verband und das Diakonische Werk. Mit dem Aufbau dieser Organisationen ist den Kirchen etwas Bleibendes gelungen. Beide Institutionen mit jeweils rund 500 000 hauptamtlichen Mitarbeitern (und fast noch einmal so vielen Ehrenamtlichen) sind aus dem sozialen Leben Deutschlands nicht wegzudenken. Sie sind mit die größten Arbeitgeber des Landes und betreiben jeweils an die 25 000 Einrichtungen – Krankenhäuser, Altenheime, Kurheime, Sozialstationen, Bahnhofsmissionen, Jugendheime, Kindertagesstätten und vieles andere mehr.

Nur darf man nicht übersehen: Beide Organisationen werden zwar von Kirchenvertretern geleitet und verwaltet. Und die Beschäftigten arbeiten oft engagiert im Geiste der Nächstenliebe. Aber bezahlt wird alles von den Krankenkassen, den Pflegekassen und den öffentlichen Händen, einschließlich der Milliarden-Immobilienvermögen, die sich im Laufe der Jahrzehnte angesammelt haben. Was aus den Kirchensteuern an Caritas und Diakonie abgeführt wird, ist gemessen an deren Gesamtumsätzen von zusammen rund 45 Milliarden Euro ein symbolischer Betrag. Natürlich sind »die öffentlichen Hände« froh, dass sie nicht selbst solche Organisationen aufbauen müssen. Bei allen Missständen, die es in solchen Organisationen auch immer gibt: Caritas und Diakonie sind eine Erfolgsstory, obgleich sie Betriebsräte, Mitbestimmung und Gewerkschaften (noch immer) nicht zulassen. Kein Wunder, dass diese Einrichtungen in der Bevölkerung oft als die Kirche schlechthin angesehen werden. Ein zwiespältiges Zeugnis für die Großkirchen.

Trotz allem: »Nur noch ein Drittel der Westdeutschen ist davon überzeugt, dass die Kirchen für die Gesellschaft wichtig sind. 46 Prozent der Deutschen hingegen halten sie für unmodern, altmodisch, überholt« (Friedrich Wilhelm Graf, Theologieprofessor).

Ganz anders sehen das die Kirchenoberen selbst: So glaubt der Vorsitzende der Deutschen Bischofskonferenz, Erzbischof Zollitsch, allen Ernstes: »Das Christentum ist stark genug, auch künftig die deutsche Gesellschaft zu prägen. Die Kirche hat der Welt viel zu sagen. Dabei sollte die Kirche eine Antwort auf die Frage geben, was die Gesellschaft zusammenhält.« Ja, und das tun sie dann auch, die Herren und Damen Kirchenoberen. Und sehr viele Pfarrer mit ihnen. In beiden Konfessionen, landauf, landab, bei Synoden, Tagungen, auf den Kanzeln und in den kircheneigenen Medien. Man möchte meinen: Da den offiziellen Glauben niemand mehr glauben mag, wird Gesellschaftspolitik gepredigt. Als ob man dafür ausgebildet worden sei, gesellschaftliche Probleme zu lösen. Ohne Rettung des Weltfriedens und »Bewahrung der Schöpfung« tut man es nicht.

Einige Theologen nennen das sogar »Politische Theologie«. Die Kirche habe ein Wächteramt gegenüber dem Staat. (Da hat sie aber gut aufgepasst bei den Nazis ...) Dafür habe der Glaube ein Mandat. Die biblischen Propheten hätten es vorgemacht. Als hätten die dramatischen Mahnungen eines Hosea, Jesaja oder Matthäus die Probleme unserer hochkomplexen sozialen Wirklichkeit in Deutschland lösen können. Als ob die Zehn-Gebote-Ethik der Kirchen dafür auch nur annähernd ausreichen könnte. Als ob Theologen und Kirchenvertreter bessere Wahrer des öffentlichen Wohls wären als gewählte Abgeordnete und Berufspolitiker. Eine Kirche, die daherkommt wie *Attac*, macht sich einfach nur lächerlich.

Dabei könnten sich die Kirchen eine *echte* politische Fundamentalopposition zu den Reichen und Mächtigen, zu den Unrechterzeugern dieser Erde gar nicht leisten. Dafür sind sie mit ihrem Geld, ihrer Macht, ihren Immobilien und ihrer Bürokratie viel zu sehr in das System der Reichen und Mächtigen verstrickt. Kurz: Die Kirchen können die Welt nicht in Ordnung bringen. Das haben sie zu keiner Zeit geschafft. Unsere heutige Zeremonie- und Politplauder-Kirche ist nicht das Licht der Welt, sondern das Schlusslicht der Gesellschaft.

Ach, mein guter Gott, hast du dort eigentlich zu niemandem mehr Kontakt? Wie kannst du diese Kirchenoberen so in ihr Unglück rennen lassen? Ihre spirituelle Autorität haben sie völlig verloren. Intellektuell und religiös haben sie der Gesellschaft nichts mehr zu bieten.

Dabei wäre ein Zurück zur Kernkompetenz der Kirchen gar nicht so schwer. Jürgen Fliege hat das einmal gut formuliert: »Religion ist nicht der Weg, Gerechtigkeit im Lande herzustellen. Religion ist eine spirituelle Technik, die das zerbrechliche und zerbrochene Leben zu deuten hilft, um nicht darin und daran verrückt zu werden. Religion ist die Kunst des Trostes, um bei Trost zu bleiben.«

Um solchen religiösen Service liefern zu können, braucht man allerdings eine unmittelbare, von Liebe getragene Beziehung zu dir, Gott. Mit der offiziellen Schuld-und-Sühne-Kreuzestheologie kommt kein Trost mehr auf. Das ist die Lage.

Apparat Kirche: Der Operetten-Staat

Die Gesellschaft hat die Kirchen innerlich weithin abgeschrieben. Knapp fünf Millionen Christen zählen sich in Deutschland noch hinzu. Aber der kirchliche Apparat beider Konfessionen ist weiterhin auf zusammen fast 50 Millionen Mitglieder ausgelegt, vom Personal und erst recht von den Finanzen her. Anschaulich wird das zum Beispiel in der Militärseelsorge. Seit dem Ende des Kalten Kriegs ist die Truppenstärke der Bundeswehr stetig verringert worden. Die Zahl der – vom Staat bezahlten – katholischen und evangelischen Militärseelsorger aber fast gar nicht. Weiteres Beispiel. Bei einem Besuch in Graz führt mich der dortige Korrespondent der Zeitschrift »Publik-Forum« kurz ins Priesterseminar des Bischofs. Der Kollege hatte dort früher selbst studiert. Kurz vor dem Abendessen gehen wir in den Speisesaal, ein riesiger Barocksaal mit langen Tischreihen. Weit über hundert Plätze. Alles leer. Nur ein Tisch nahe der Tür weist acht Gedecke für das Abendessen aus.

Zwei riesige Religionskonzerne organisieren das katholische und evangelische Christentum in Deutschland. Über sogenannte Konkordate sind sie rechtlich innig mit staatlichen Institutionen verbandelt.

Zelebrieren wir eine kurze Zahlen-Orgie: 27 katholische Bistümer überziehen das Land von Freiburg und Trier bis Erfurt, Berlin und Hamburg. An der Spitze jeder Diözese stehen der von Rom eingesetzte Bischof und in der Regel ein bis zwei sogenannte Weihbischöfe. So kommt man auf über siebzig amtierende katholische Bischöfe in Deutschland. Geografisch unterteilt sind die Bistümer in Dekanate. Jeder der 27 Bischofssitze hat eine eigene Kanzlei von rund 100 bis 300 Mitarbeitern, darunter eine Rechtsabteilung und eine eigene Presseabteilung. Alle deutschen Bistümer zusammen beschäftigen rund 150 000 Mitarbeiter, darunter ein geistliches Personal von rund 27 000. Im Caritas-Verband sind bundesweit noch einmal rund 500 000 Menschen beschäftigt, die zwar im Auftrag der Kirche arbeiten, aber nicht von ihr bezahlt werden. Dazu gibt es insgesamt weit über 100 000 kircheneigene Gebäude und riesige Ländereien. Offizieller Sprecher der katholischen Kirche in Deutschland ist der Vorsitzende der *Deutschen Bischofskonferenz,* aktuell (2013) der Freiburger Erzbischof Robert Zollitsch.

Etwas komplizierter sieht es in der *Evangelischen Kirche in Deutschland* aus. Sie umfasst 22 eigenständige Landeskirchen. Geografisch orientieren diese sich zumeist noch immer an den Grenzen der fürstlichen Kleinstaaten im einstigen »Heiligen Römischen Reich Deutscher Nation«: Kurhessen-Waldeck (180 000 Mitglieder); Braunschweig (380 000 Mitglieder); Pfalz (550 000 Mitglieder); Schaumburg-Lippe (60 000 Mitglieder); Bayern (2,5 Millionen Mitglieder); Westfalen (2,5 Millionen Mitglieder); Bremen (220 000 Mitglieder) Berlin-Brandenburg-Oberlausitz (eine Million Mitglieder) und so weiter. Insgesamt 24 Millionen Mitglieder in etwa 15 000 Kirchengemeinden, für die in allen 22 Landeskirchen zusammen knapp 150 000 Mitarbeiter beschäftigt sind, darunter 22 000 Pfarrerinnen und Pfarrer. Hinzu kommen noch über 450 000 Mitarbeiter des Diakonischen Werks, die aber auch wiederum nicht von der evangelischen Kirche bezahlt werden.

Anders als bei den Katholiken tragen die Chefs der evangelischen Landeskirchen sehr unterschiedliche Amtstitel: Da gibt es Bischöfe, Präses, Präsidenten und Generalsuperintendenten. Der Bremer Kirchen-Chef trägt den Titel »Schriftführer« und hat eigentlich nicht viel zu sagen. In keiner anderen Landeskirche sind die Gemeinden so autonom wie in der Hansestadt. Untergliedert sind die größeren Landeskirchen in Kirchenkreise oder Sprengel und in Dekanate. Bundesweit besitzt die evangelische Kirche etwa 75 000 Gebäude, davon knapp 27 000 Kirchen. Natürlich halten sich auch die evangelischen Landeskirchen jeweils eine Kirchenkanzlei samt Presse und Rechtsabteilung (und eigenem Fuhrpark, versteht sich). Im Landeskirchenamt Hannover sind das zum Beispiel rund 200 Beschäftigte.

Dieses Amt ist damit für sich schon größer als alles, was der in Genf ansässigen zentralen Vertretung aller 360 evangelischen Kirchenorganisationen der Erde und eines großen Teils der orthodoxen Kirchen zur Verfügung steht. Der »Ökumenische Weltrat der Kirchen« hat kaum mehr als zwanzig feste Mitarbeiter und steht fast immer vor der Pleite. Als ich 2006 bei einem Interview mit dem damaligen Vorsitzenden Dr. Samuel Kobia (Kenia) fragte, ob ich einmal einen Blick in die Presseabteilung werfen könne, sagte dessen Assistent: »Ich bin die Presseabteilung.«

Alle 22 evangelischen Landeskirchen haben eine Dachorganisation gegründet, die Evangelische Kirche in Deutschland – EKD. Geführt wird sie von dem obersten Leitungsgremium der Evangelischen, vom Rat der EKD, dessen gegenwärtiger Vorsitzender Nikolaus Schneider ist, der lange Jahre gleichzeitig Präses der Evangelischen Kirche im Rheinland war. Die EKD hat ihr Kirchenamt ebenfalls in Hannover und beschäftigt dort wiederum rund 200 Mitarbeiter samt Rechts- und Presseabteilung.

Das alles sind beeindruckende Zahlen. Nur: Im Land steht kein blühendes geistliches Leben dahinter. Die kulturelle Debatte findet fast ohne die Kirchen statt. Ein paar Bach-Konzerte und Kirchenchöre können das nicht ausgleichen. Und auch die religiös-lebensklugen Bücher von Autoren wie Anselm Grün oder Margot Käßmann erreichen fast nur das christlich sozialisierte Insider-Publikum. Vermutlich geht das diesem Buch hier ebenso ... In den kircheneigenen Zeitschriften, Zeitungsbeilagen und selbst noch in etlichen Gemeindebriefen werden herauf und herunter gesellschaftliche Probleme angesprochen. Über den Glauben gibt's offenbar nichts zu sagen. Und das Gemeindeleben gar dümpelt vollends vor sich hin. Insgesamt weisen beide Großkirchen eine aufgedonnerte Führungsstruktur auf, von der sich niemand mehr führen lässt – mit Ausnahme von fünf Millionen Traditionschristen.

Das Ganze spielt sich auch noch in einem eigenen Rechtsraum ab. Das deutsche Grundgesetz sagt: »Jede Religionsgemeinschaft ordnet und verwaltet ihre Angelegenheiten selbstständig innerhalb der Schranken des für alle geltenden Rechts« (Artikel 140). Die Großkirchen legen dieses Verfassungsrecht sehr umfassend aus. Die katholischen Kirche versteht sich ohnehin seit jeher als Rechtsanstalt. »Denn die Beziehung des katholischen Christen zu Gott ist ihrem Wesen nach eine rechtlich geregelt Beziehung, für die die Kirche unentbehrlich ist« (Herbert Koch). Und Jesus ist völlig überflüssig. Das katholische (welteinheitliche) Gesetzbuch heißt *Codex Iuris Canonici,* abgekürzt CIC. Es umfasst mehr als tausend Seiten und regelt auch vieles, was eigentlich nur der Staat regeln darf.

Begriffe wie Menschenwürde und Menschenrechte sind dem römisch-katholischen Kirchenrecht fremd. »In ihrer Rechtsgestalt präsentiert sich die Kirche als ein Ort sakral begründeter Herrschaft, in der christliche Freiheit zu Gehorsam wird« (Hubertus Halbfas). Für katholische Kirchenleitungen hat die Rechtsetzung des demokratischen Gesetzgebers den unwandelbaren Prinzipien des Naturrechts zu folgen. Konkret: Die römische Kirche weiß besser als der parlamentarische Rechtsstaat selbst, was Inhalt seiner Gesetze sein muss. Katholisch ist die Macht also klar definiert, und sie wird auch ausgeübt. Und dass Autoren wie Hans Küng und Eugen Drewermann ihre Bücher veröffentlichen können, muss in unserem Land der Staat garantieren. In ihrer Kirche haben dieses Theologen Schreibverbot.

Aber, um im klassischen Kirchenjargon zu bleiben, wenn kaum noch Schafe da sind, über die man Macht ausüben könnte, geben mache Oberhirten das Bild von Operetten-Bischöfen ab. Besonders wenn sie in halb leeren Domen in prunkvoll-steifen Gewändern gemeinsam mit einem Dutzend assistierender Dompriester und einer Schar Ministranten eine Messe zelebrieren – für Außenstehende eine surreale Veranstaltung. Dazu das gespreizte Auftreten in der Öffentlichkeit. In ihren schwarzen Bischofssoutanen mit roter Gürtelschärpe und 32 Knöpfen entsprechend den 32 Lebensjahren »Jesu Christi«. Und sie merken nicht einmal, wie unwirklich das alles ist. Je weniger wirkliche Autorität da ist, desto mehr Klerikalismus und Hierarchiekult festigt sich, einhergehend mit selbst designter und maßgeschneiderter Klerikal-Mode.

»Inzwischen herrscht in Sachen Amtskleidung auch im deutschen Protestantismus bunte, nicht selten peinlich schrille Vielfalt. Wohl um gegen katholische Amtsträger bestehen zu können, kleiden sich nicht wenige evangelische Spitzenkleriker in violette oder rote Leibchen mit Kollar (Römerkragen), und je höher das Amt, desto größer und schwerer muss das goldene Kreuz sein, das man trägt« (Friedrich Wilhelm Graf).

Auch die 22 evangelischen Landeskirchen haben, jede für sich, enorme Rechtsbücher (oft Loseblattsammlungen, dicker als die Bibel). Entsprechend viele Juristen müssen sie beschäftigen; diese arbeiten nach innen (Dienstverhältnisse, Besitzverhältnisse und anderes mehr) und nach außen. Da geht es dann um alles, was in den Konkordaten mit den Bundesländern und dem Bund selbst ausgehandelt wurde. Dennoch ist die Macht bei den Evangelischen sublimer gestaltet als in der anderen Konfession. Es gibt Synoden, in denen Entscheidungen fallen und die jeweiligen Kirchenleitungen gewählt werden. Allerdings ist das ein in sich geschlossenes System, das nicht umsonst Siebwahl heißt.

Die Synodalen einer Landeskirche werden mittelbar gewählt: Die Gemeindeglieder, das heißt die zehn Prozent Traditionschristen, wählen ihren Kirchenvorstand. Neunzig Prozent der Kirchenmitglieder beteiligen sich gar nicht erst an diesen Wahlen. Der so zustande gekommene Kirchenvorstand wählt seine Vertreter in die Kreissynode. Diese bestellen ihre Vertreter in die Landessynode. Sie wählen ihre Kandidaten für die EKD-Synode. Da schlüpft niemand durch, den man in der engeren Kirchenführung nicht will. Kritische Vertreter der sogenannten Kirchenfernen, jener 90-Prozent-Mehrheit aller Mitglieder, haben überhaupt keine Chance, es einmal in eine Synode zu schaffen. Sie versuchen es ja auch gar nicht erst. Die wirkliche Macht bei den Evangelischen liegt in den Händen einer »sich selbst konstituierenden und rechtfertigenden Offenbarungsexpertokratie«. So hat es der Pfarrer und frühere Superintendent des Kirchenkreises Wolfsburg, Herbert Koch, in seinem entlarvenden Buch »Die Kirchen und ihre Tabus« formuliert.

Es gibt viel zu beraten und zu klären in den kirchlichen Führungsgremien beider Konfessionen. Jedenfalls tagt man in Tausenden von Ausschüssen, Kommissionen und Kammern. Aber da geht es fast nie darum, wie man von Gott reden könne, sodass Menschen wieder Feuer fangen. Es geht im Grunde nur darum, wie man den riesigen Laden am Laufen halten kann, obwohl immer weniger Mitglieder mitgehen.

Schon 1995 schrieb der evangelische Theologieprofessor Reimer Gronemeyer: »Die Kirchen rutschen in eine DDR-ähnliche Lage, weil auch bei ihnen die Züge zur Schwindelfirma sich verstärken. So entspricht der öffentliche Einfluss der Kirchen, bei Wahlen wie in Rundfunkbeiräten, in Schulen und bei Enqueten, ja längst nicht mehr ihrem Rückhalt in der Bevölkerung. Sie sind auf dem Wege, nur noch sich – ihren Apparat und ihre Funktionäre – zu repräsentieren. Sie haben ihre diplomatischen Vertretungen in allen gesellschaftlichen Teilbereichen, aber ihre Diplomaten vertreten einen Operettenstaat.« Ganz bissig hat das kürzlich der Münchner Theologieprofessor Friedrich Wilhelm Graf auf den Punkt gebracht. In der »Frankfurter Allgemeinen Zeitung« schrieb er: »Die deutschen Kirchen sind stark vermachtete und verfilzte Organisationen mit viel Pfründenwirtschaft und Alimentierung von Funktionären, die gern unter sich bleiben und miteinander in einem verquasten Stammesidiom kommunizieren.«

Das sitzt.

Staat und Kirche: Geld soll's richten

Die deutschen Kirchen sind die reichsten Kirchen der Erde. Nur noch die orthodoxen Staatskirchen Griechenlands und Russlands können es mit ihnen ansatzweise aufnehmen, vor allem im Hinblick auf den Besitz an Grund und Boden. Kirchen in Frankreich, in England? Unbedeutend und arm wie die sprichwörtlichen Kirchenmäuse! In die Bedeutungslosigkeit sind für das Volk aber auch die beiden Konfessionskirchen in Deutschland abgerutscht. Der Staat jedoch sieht in ihnen noch immer machtvolle Akteure und setzt viel Hoffnung in sie. Er kann sich nicht von der jahrhundertealten feudalen Mentalität trennen, die Kirchen seien wichtige Helfer, wenn es um die Legitimität der Macht, um Wertevermittlung, Halt und Sicherheit gehe. Es ist die tiefe Sorge der politischen Klasse, dass die Kirchen abstürzen. Dass sie keinen entscheidenden Beitrag zur Pflege der vorpolitischen Grundlagen des Gemeinwesens mehr leisten. Deswegen ist der Staat zusammen mit den Kirchen in ein dichtes Netz gegenseitiger Verträge, Konkordate und sonstiger Vereinbarungen eingestiegen. Staatskirchenrecht nennt sich das und reicht bis ins Grundgesetz. Und ständig fließt Geld. Unglaublich viel Geld in unglaublich vielen verschleierten Kanälchen und Kanälen. Steuergeld aller Bürger, auch der vierzig Prozent Konfessionslosen.

Der Berliner Politikwissenschaftler Carsten Frerk hat dazu im Jahre 2010 nach jahrelangen Recherchen ein »Violettbuch Kirchenfinanzen« veröffentlicht. Über das, was er da herausgearbeitet hat, kann man nur mit den Ohren schlackern. Die Zahlenangaben im Folgenden gehen auf sein Buch zurück.

Dass der Staat im Auftrag der Kirchen von deren Mitgliedern Steuern einzieht, kann man ja noch verstehen. Für diesen Auftrag wird er von den Kirchen sogar zaghaft entlohnt. Eine nominell für 50 Millionen Menschen zuständige Organisation braucht ja schließlich auch Geld für ihre Arbeit. So weit, so klar. Der Staat behält acht bis neun Prozent von der Lohnsteuer ein. Die Kirche meldet sich aber natürlich auch zu Wort, wenn andere Gelder als der Lohn zu versteuern sind. Insgesamt kommen so seit Jahren für beide Großkirchen gemeinsam im Schnitt 10 Milliarden Euro an Kirchensteuern zusammen – ziemlich paritätisch 5 Milliarden für jede Konfession. Dieses Geld wird von einem Drittel der Kirchenmitglieder aufgebracht. Nichtberufstätige Ehefrauen, Rentner Jugendliche und Arbeitslose zahlen überhaupt keine Kirchensteuern. Das Geld wird vom Staat für die jeweiligen Landeskirchen und die Bistümer eingezogen und ihnen zum Verteilen überlassen. 10 Milliarden, das ist ein ordentlicher Batzen Geld: Damit sollten die Kirchen schon etwas anfangen können, möchte man meinen. In Wirklichkeit können sie damit gerade einmal gut sechzig Prozent ihres Personals von zusammen rund 300 000 Mitarbeitern bezahlen und ein paar Gebäude sanieren.

Bei diesen Berechnungen bleiben die von den öffentlichen Händen mit 45 Milliarden Euro finanzierten Wohltätigkeitsverbände Caritas und Diakonie völlig außen vor. Ihre rund 900 000 Mitarbeiter werden von Krankenkassen und Staatseinrichtungen bezahlt. Und beide reden dort kräftig mit. Und die Gewerkschaft »ver.di« ist auf einem gutem Weg, das demnächst auch noch zu tun.

Die Großkirchen selbst wären mit den Milliarden an Kirchensteuern (2012) eigentlich schon pleite. Sie müssten ihren riesigen Apparat rigoros verkleinern. Aber: Man hat ja was auf der hohen Kante! Experten schätzen das kapitalisierbare Gesamtvermögen beider Amtskirchen zusammen auf rund 500 Milliarden Euro. (Zum Vergleich: Für den Bundeshaushalt waren 2010 rund 330 Milliarden eingeplant.) Die Spitzenmanager der Kirchen haben dieses Vermögen vielseitig angelegt: in Immobilien, Banken, Versicherungen, Akademien, Brauereien, Weingütern, Medienkonzernen, Kliniken, Latifundien, Forsten und Gutshöfen. Hinzu kommen Erträge aus Geldanlagen, Aktienbesitz, Stiftungen, Erbschaften und sonstigen Beteiligungen.

Allein die katholischen Ländereien umfassen mehr als die dreifache Fläche des Saarlandes. Oft werden Landwirten zum Beispiel Äcker abgekauft und wieder an sie zurückverpachtet. Der Bauer kann sich einen neuen Traktor kaufen und sein Haus renovieren, die Kirche mehrt ihr Immobilienvermögen und hat regelmäßige Pachteinnahmen. Beide Kirchen gehören zu den größten Grundeigentümern in Deutschland. Aus all diesen Wirtschaftsaktivitäten und Geldanlagen fließt den Großkirchen im Jahr noch einmal so viel zu, wie sie an Kirchensteuern einnehmen: rund 5 Milliarden Euro pro Konfession.

Reicht das immer noch nicht? Nein! Denn nun kommt der Staat. Über Konkordate und Sonderverträge geregelt, zahlt er beiden Großkirchen zusammen jedes Jahr um die 19 Milliarden Euro an Steuergeldern.

Es ist kaum zu glauben, wohin das Geld oft fließt. Im Katholischen sind das (nur auf Bayern bezogen) zum Beispiel: Renten und Gehälter aller Bischöfe, Jahresrenten von Kanonikern, Domvikaren und Generalvikaren, Aufwandsentschädigungen für bischöfliche Sekretärinnen, Ergänzungen des Einkommens von Mesnern, Leistungen an Pfarrer, Zuschuss zur Besoldung der Seelsorge-Geistlichen, Beiträge zum Sachbedarf der Ordinariate, Beiträge zum Sachbedarf der Domkirchen, Beiträge zum Unterhalt der Priester- und Knabenseminare, Beiträge zum Sachbedarf der Kirchen, außerordentliche Bedürfnisse einzelner Pfarreien (Orgeln, Glocken, Uhren).

Im evangelischen Bereich (Auswahl, auch nur auf Bayern bezogen): Pauschbetrag für den Personalaufwand des Landeskirchenrats, Versorgungsregelung der Kirchenbeamten, Leistungen an Pfarrer, Prediger und Vikare, Leistungen an Kirchendiener, Zuschuss für die Kosten der Landessynode.

Das sind die sogenannten Staatsdotationen, die es außer in Hamburg und Bremen so oder ähnlich in allen Bundesländern gibt – auch in den neuen Bundesländern, in denen es anfangs fast neunzig Prozent Konfessionslose gab. Den wenigen Christen dort hat man die westdeutsche Kirchenverfassung einfach übergestülpt.

Verrückt: Der deutsche Staat zahlt die Gehälter der Bischöfe beider Konfessionen. Aber er zahlt auch für Glocken und Kirchturmuhren. Wieso eigentlich? Die Dotationen aller Bundesländer zusammen umfassen 442 Millionen Euro, hat Frerk errechnet. Aber, mein Gott, es gibt weit größere Posten, die der Staat an die Kirchen zahlt. In einer Liste aller »Zuwendungen aus Steuergeldern zugunsten der Kirchen, ihrer Einrichtungen und ihrer Mitglieder (ohne Caritas und Diakonie) pro Jahr (2009)« kommt Frerk auf 26 Posten.

Da ist zum Beispiel der Religionsunterricht an den Schulen, der ja im Grundgesetz vorgeschrieben ist. Er kostet den Staat 1,7 Milliarden Euro jährlich. Konfessionsschulen werden mit 2,2 Milliarden bezuschusst. Die Ausbildung des theologischen Nachwuchses kostet den Staat eine halbe Milliarde. Da ist die Militärseelsorge, die, vergleichsweise gering, mit 31 Millionen Euro verbucht ist. Baulasten für den Erhalt von Tausenden Kirchen und Pfarrhäusern belaufen sich auf 270 Millionen. Für kirchlich geführte Kindertageseinrichtungen blättert der Staat knappe 4 Milliarden Euro hin. Weil die Kirchensteuer als Sonderausgabe abgesetzt werden kann, verzichtet der Staat eben mal auf 3 Milliarden Euro Einnahmen. Dafür lässt er den Kirchen nebenbei gut 5 Millionen an Bußgeldern zukommen.

Alles zusammen: 19 290 000 000 Euro jährlich verteilt auf 26 Posten. »Nicht alle diese Steuergelder kommen nur den Kirchen zugute. Kindertageseinrichtungen liegen eben auch im Interesse des Staates. Ebenso, wenn der Staat den Kirchen Zuwendungen zur Förderung von Familie und Jugend macht, wenn er die kirchliche Erwachsenenbildung bezuschusst oder Gelder für die Instandhaltung der historisch-kulturell bedeutsamen Dome und Kathedralen gibt« (Carsten Frerk).

Aber zum Beispiel 1,7 Milliarden Euro für einen Religionsunterricht auszugeben, der so ineffektiv ist, dass am Ende offenkundig nur religiöser Analphabetismus dabei herauskommt – das ist höchst fragwürdig. Seit Jahrzehnten wird die Jugend des Landes durch diesen Religionsunterricht an öffentlichen Schulen geschleust. Das Ergebnis: Schon wenige Jahre nach Abschluss der Schulzeit kann niemand mehr sagen, was zum Beispiel wo in der Bibel steht. Oder warum Christen das Osterfest feiern. Es ist alles abgesunken ins Unbewusste. Und von lebendigem Gottesglauben kann schon gar keine Rede sein. Generation für Generation ist aus dem Glauben herauskatapultiert worden, in sechs bis zehn Jahren wöchentlichem Religionsunterricht. Diese ernüchternden Angaben sind religionssoziologisch eindeutig erforscht.

Über 19 Milliarden Euro jährlich an Staatszuwendungen für die Kirchen – umgerechnet auf fast 82 Millionen Staatsbürger sind das pro Nase rund 236 Euro. Umgerechnet auf den Monat heißt das: Rein rechnerisch zahlt jeder Bürger pro Monat 19 Euro für die Kirchen, egal ob Konfessionsloser, Muslim, Mormone, Katholik oder Protestant.

Wohlgemerkt: Das sind normale Steuergelder. Die eigentlichen 10 Milliarden Euro Kirchensteuern, die nur von den 48 Millionen Kirchenmitgliedern eingezogen werden, laufen ebenso separat wie die 45 Milliarden Zuwendungen der öffentlichen Hände und Krankenkassen an Diakonie und Caritas. Und das Geld, das die Kirchen aus ihren eigenen Vermögen erwirtschaften, zusammen noch einmal 10 Milliarden, hat mit den staatlichen Zuwendungen auch nichts zu tun.

Zwei Fragen sind noch zu klären: Warum gibt der Staat so viel Geld für die Kirchen aus? Und: Ist die Kirche ihr Geld noch wert?

»Reichsdeputationshauptschluss« heißt das Wortungeheuer aus dem Jahre 1803, mit dem alle staatlichen Zahlungen an die Kirchen seither gerechtfertigt werden. Natürlich steht wieder einmal Napoleon dahinter. Er hatte die alte Reichskirche mit ihrem enormen Besitz enteignen lassen. Aber im Grunde ging es konkret nur um vier Erzbistümer, 18 Bistümer, 80 reichsunmittelbare Abteien und mehr als

200 Klöster. Mit deren Immobilien wurden die weltlichen Fürsten für jene Gebiete entschädigt, die sie an Napoleon hatten abtreten müssen. Im Gegenzug bekommen seither die Kirchen für ihre Vermögensverluste jährliche Zahlungen aus der Staatskasse. Auch die evangelischen – obwohl die überhaupt nicht von irgendwelchen Enteignungen betroffen waren! »Dass die Vereinbarung auch 200 Jahre später noch gilt, daran hat damals niemand gedacht«, erklärt Professor Horst Hermann, Experte für Kirchenrecht. Trotzdem stelle seither niemand das Abkommen der Reichsdeputation infrage, die damals, 1803, in Regenburg getagt hatte. »Das Kaiserreich hat gezahlt, die Weimarer Republik hat gezahlt, Hitler hat gezahlt, und die Bundesrepublik zahlt immer noch«, so Herrmann. Ewigkeitsrente hat man diese Staatszahlungen spöttisch getauft.

Dabei steht seit der Abdankung des deutschen Kaisers wörtlich in der Staatsverfassung: »Die auf Gesetz, Vertrag oder besonderen Rechtstiteln beruhenden Staatsleistungen an die Religionsgesellschaften werden durch Landesgesetzgebung abgelöst. Die Grundsätze hierfür stellt das Reich auf.« Dieser Artikel 138 der Weimarer Verfassung wurde in den Artikel 140 Grundgesetz übernommen. Dieser sogenannte Ablösebefehl ist umfassend und eindeutig. Aber kein deutscher Politiker würde es heute wagen, dieses Fass der Religionspolitik aufzumachen. Dazu sind die Kirchen dann doch noch zu mächtig.

Offenkundig aber und für jedermann sichtbar ist, dass die Kirchen dieses Geld schon lange nicht mehr wert sind. Was der Staat von ihnen erwartet, liefern sie längst nicht mehr. Der bislang führenden Religion der westeuropäischen Kultur ist die gesellschaftliche Integrationsleistung abhandengekommen. Der Gottesglaube ist als »Grundkonsensformel« der Bevölkerung nicht mehr von Bedeutung. Die Kirchen können Gott für die große Mehrheit der Bürger nicht mehr glaubwürdig bezeugen. Da kommt nichts rüber! Das belegen alle sozialwissenschaftlichen Erhebungen der letzten Jahre. Und dann die Wertevermittlung! Dieser moralische Wertbegriff kommt in der Bibel und in den Bekenntnisschriften der Konfessionen überhaupt nicht vor. Er entstammt der Ökonomie und entspricht der längst utopisch gewordenen Erwartungshaltung des Staates an die Kirchen.

Kurzum: Als staatlich anerkannte und geförderte Agentur für Sinnstiftung und Moral hat die Kirche versagt. Bürger sind heute auch ohne Religion friedlich und sozial, selbstbewusst liebes- und sinnerfüllt. Wenn der Staat sich die Kirchen sparen würde, hätte er keinen Nachteil. Dieses Salz ist »dumm geworden«. Davor hatte einst schon Jesus von Nazareth gewarnt (Matthäus, Bergpredigt, Kapitel 5, Vers 13 – nach Luther).

Religion und Religionen

Die Götterwelt boomt – außer in Europa

Das Experiment läuft noch. Die Menschen in großen Teilen Europas sind heute gottlos und, wenn es gut geht, dem Humanum, der Menschlichkeit also zugewendet. Und sie leben ganz ordentlich damit. Dieses weltweit einzigartige Experiment hat sich seit Beginn der Aufklärung langsam durchgesetzt. Zwischendurch allerdings haben die Stelle des einen und einzigen Gottes fürchterliche Abgötter eingenommen. Das begann schon mit den Vertretern der Guillotine-Politik am Siedepunkt der Französischen Revolution. Es folgten feudal-herrische Restaurationen im Namen Gottes und alsbald Nationalismus und staatlicher Kommunismus. Gott sei Dank sind diese zusammengebrochen, sind in fürchterlichen Blutbädern versunken. Dadurch ist aber der wirkliche Gott dennoch nicht nach Europa zurückgekehrt. Die meisten Menschen leben hier als friedliche Agnostiker, die nicht wissen, ob es so etwas wie Gott gibt und was der mit uns zu tun haben könnte.

Das ist auf den Kontinenten um uns herum ganz anders. Dort sind die Religionen im Alltag der Menschen lebendig. Der Hinduismus in Indien und unter den im Ausland lebenden indischen Familien ist die älteste noch lebendige Religion der Menschheit. Er beherrscht das Leben zeremoniell oft bis in kleine Einzelheiten hinein, auch unter den gebildeten und sozial erfolgreichen Indern. Anhänger und Verehrer einer der hinduistischen Gottheiten sind sie fast alle. Und viele kennen zumindest die beiden großen volkstümlich-religiösen Epen Mahabharata und Ramajana, die in jedem Buchladen bis in die

Kleinstädte hinein zu finden sind. Entsprechende Werke in Europa dürften die Ilias, die Odyssee und die Bibel sein. Sie haben aber heute bei uns nicht annähend mehr die Bedeutung und den Bekanntheitsgrad wie die genannten Epen unter Menschen im Hinduismus. Ein nur wenige Kapitel umfassender Auszug aus dem tausendseitigen Mahabharata ist die viel gelesene und viel kommentierte Bhagavadgita (siehe Seite 43).

Manche gebildete Inder und Tamilen (Südindien), aber auch einfache Gläubige, besonders Sadus, Rishis und Gurus (Einsiedler, Seher, heilige Lehrer), brechen religiös durch die Symbolik der hinduistischen Götterwelten durch. Sie verschreiben sich – meditationsgestützt und die Lehren der Upanischaden achtend – der Erfahrung des All-Einen, der Einheitsmystik. Damit stehen sie in der uralten hinduistischen Tradition des sogenannten Vedanta (bezogen auf die Schriften »am Ende der Veden«). Als ich zum ersten Mal etwas Konkretes darüber las, die »Autobiografie eines Yogi«, genannt Yogananda, habe ich vor Staunen und Verwunderung den Mund nicht mehr zugekriegt ...

Auch bei den vielen Buddhisten in ostasiatischen Ländern durchdringt Religion das Leben. In ihren Tempeln wird Buddha zumeist als Gott angebetet – mit denselben Bitten und Versprechungen wie in unseren Kirchen. Oder man kniet vor einer der vielen Bodhisattva-Statuen nieder, um dieselben Gebete zu murmeln. Bodhisattvas sind Männer (und Frauen) aus früheren Zeiten, die kurz vor ihrem Versinken in die ewige Erleuchtung, ihrem Eingehen ins Nirvana also, dieses Ereignis zurückgestellt haben, um anderen Menschen den Weg zur Erleuchtung zu weisen und ihnen unterwegs konkret beizustehen.

Buddha-Verehrung reicht weit in das private und öffentliche Leben hinein. Viele Buddhisten haben in ihrer Jugend ein paar Jahre in orangefarbenem Gewand als Mönch gelebt und gelernt. Und kaum ein Taxifahrer in Bangkok zum Beispiel, der nicht eine kleine Buddha-Statue am Rückspiegel baumeln hätte. Natürlich gibt es auch Buddhisten, die Buddha nicht als Gott anbeten, sondern versuchen im Buddha-

Bewusstsein zu leben, zu meditieren und sich den Mitmenschen im Geiste des Erleuchteten zuzuwenden.

Dann die Chinesen: In ihrer Heimat sind die uralten rituellen Verehrungen der Weisheitsgötter Konfuzius, Laotse und Buddha noch ziemlich lebendig. Konfuzius (um 500 v. Chr.) steht für eine Religion wohlgestalteter Riten sowie für Weisheit und Pflicht. Laotse soll im 6. Jahrhundert vor Christus das kleine Büchlein »Tao-Te-King« geschrieben haben, mit dem er die teils mystische Volksreligion des Taoismus begründete. Der aus Nordindien stammende Buddha-Glaube (ebenfalls 5. Jahrhundert v. Chr.) wanderte alsbald nach China aus und wurde dort in einem langen Vergottungsprozess sozusagen eingemeindet. In allen alten religiösen Kulten Chinas hat die kommunistische Partei allerhand Kahlschlag verursacht. Seit einiger Zeit fährt sie aber eine liberalere Religionspolitik und lässt vieles wieder zu, was unter Mao Tse-tung undenkbar gewesen wäre.

Anders ist das bei den vielen Millionen Auslandschinesen, die als ethnische Minderheiten in südostasiatischen Ländern wirtschaftlich oft den Ton angeben. Sie praktizieren ihre uralte religiöse Tradition völlig selbstverständlich und ungehindert. So habe ich in Malaysias Hauptstadt Kuala Lumpur Sekretärinnen in Stöckelschuhen in der Mittagspause im Tempel mit Räucherstäbchen zwischen den Händen vor einem Altar knien und beten sehen – Alltagsleben in »Gebrauchstempeln« (keine Touristenattraktionen).

Chinesische Tempel sind oft den drei genannten Hauptgöttern zugleich gewidmet, Götter, die ja ursprünglich weise Menschen waren (Jesus lässt grüßen!) und nach ihrem Tod mehr und mehr vergottet wurden: Konfuzius, Laotse und Buddha. Sie alle haben nicht selten unter ein und demselben chinesischen Tempeldach eigene Altäre. Außerdem gibt es da noch Statuen anderer Götter und Göttinnen, deren Namen oft nur die Priester kennen. Fu, Lu, Shou, diese Dreiergruppe ist wohl die bekannteste. Auch die Himmelsgöttin Madzu wird immer wieder angebetet. Diese ehemalige Göttin der Seefahrer und Piraten wird besonders bei Auslandschinesen unter vielen weiteren Namen verehrt.

All diese Götter sind nebenbei so etwas wie Wächter des Ahnenkults, der in ihren Tempeln gepflegt wird. Er gilt den toten Familienmitgliedern, aber nur bis in die dritte Generation der Verstorbenen hinein. Oft haben Familien für die Namen und Fotos ihrer Toten Flächen an den Tempelwänden erworben. Denn um die Ahnen muss man sich kümmern, die könnten sich ja, so geht die Lehre, im Guten wie im Bösen in die Angelegenheiten der lebenden Familienmitglieder einmischen.

Und das nimmt dann besonders bei Beerdigungen schon einmal merkwürdige Züge an: Werden dem Toten doch allerlei kostbare Gaben ins Grab mitgegeben, die den Aufenthalt im Jenseits erleichtern sollen. Das Merkwürdige daran: Die koffergroßen Autos, Geldscheinbündel, Whiskyflaschen, tausendundein Dinge mehr sind aus Pappe oder billigen Ersatzmaterialien. Alles wird am Grab verbrannt. Die entsprechenden Ladengeschäfte in der Nähe vieler chinesischer Tempel sind randvoll mit solchem Zeug gefüllt. Das Geschäft floriert. Auch das ist ein Aspekt der chinesischen Religionsvielfalt.

Ein anderer Aspekt ist dieser: Betritt man in südostasiatischen Ländern ein chinesisches Restaurant, findet man zumeist an einer Wand oder in einer Nische einen mit frischem Obst geschmückten kleinen Altar. Auf ihm thront eine Gottheit, deren Name oft nur dem Wirt bekannt ist. Fragt man als Europäer danach, bekommt man einen unaussprechlichen Namen genannt, aber im Brustton der Überzeugung, dass den doch alle Welt kennen müsse. Die chinesische Götterwelt ist riesengroß – und urlebendig.

Überhaupt: Das Zusammenleben von Ethnien und Religionen in Ländern wie Malaysia, Indonesien und Thailand kann Europäer nur erstaunen. Es gibt starke Spannungen unter den Ethnien und Religionen in diesen Ländern, keine Frage. Aber in Malaysia zum Beispiel können gleichwohl alle Religionen nebeneinander öffentlich praktiziert werden. Moscheen, hinduistische Tempel, chinesische Tempel, Buddhismus-Zentren und christliche Kirchen gibt es in jeder Stadt, oft nur Straßenzüge voneinander entfernt. Und in ihnen herrscht pralles Leben, von morgens bis abends! Die 28 Millionen Einwohner Malaysias sind zu 60 Prozent Muslime (in der Regel ethnische Malaien), 20 Prozent Buddhisten und Taoisten (meist Chinesen) zu 9 Prozent Christen (zumeist Malaien) und zu 6 Prozent Hindus (zumeist Tamilen). National sind sie alle Malaysier. (In vielen christlichen Kirchen des Landes wird der Gott des Jesus von Nazareth übrigens unter dem Namen Allah angebetet. Man trifft fast alle aus Europa und Nordamerika bekannten Konfessionen an.) Dass es neuerdings – im wieder erstarkenden Birma – Buddhisten sind, die auf Muslime im eigenen Land einschlagen, zeigt: Im Grunde ist keine Religion von der Affinität zur Gewalt ausgeschlossen. Alle haben sie Blut am Stecken.

In arabisch-islamischen Ländern ist die Religion des Propheten Mohammed und seines Korans stets allgegenwärtig. Oft ist sie auf eine ziemlich unterdrückende Weise präsent, aber sie wird auch immer wieder lässig und entspannt gelebt. In jedem dieser Länder durchdringt der Glaube an Allah und seinen Propheten das gesamte private und öffentliche Alltagsleben, laut hörbar fünfmal am Tag, von der Wiege bis zum Grabe.

Auch in den Ländern Afrikas sind Religionen urlebendig. Der Islam und das Christentum leben in vielen Ländern spannungsreich nebeneinanderher. Hier und da allerdings, in Nigeria, Mali und anderen Staaten, kracht es fürchterlich. Dann ist zumeist der Islam der intolerante Teil. Aber auch die alten Naturreligionen sind allgegenwärtig. Atheismus oder Agnostizismus sind eigentlich nicht vorstellbar.

Nicht anders in Südamerika, wo sich das Christentum immer stärker auf den »Heiligen Geist« konzentriert, diesen »windigen Burschen« der alten Dogmatik, dem man jede Glaubensüberzeugung unterjubeln kann. Auf jeden Fall ist das sogenannte pfingstlerische Christentum (Pfingsten ist das alte Fest des Heiligen Geistes) die am rasantesten wachsende Religion der Gegenwart. Sie hat den klassischen Katholizismus wie auch den Protestantismus auf diesem Kontinent in Bedrängnis gebracht und ist schon längst nach Afrika übergesprungen. In den USA findet sie bei den glaubensverwandten Evangelikalen manche Resonanz.

Überhaupt ist ja ganz Nordamerika immer noch von der traditionellen christlichen Gottesvorstellung durchdrungen, bis weit in öffentliche Belange hinein. Sogar Präsident Obama sagte kürzlich im Wahlkampf für seine zweite Amtsperiode so ganz nebenbei: »Ich glaube, dass Jesus Christus Gottes Sohn ist und für mich am Kreuz gestorben ist.« So sieht der traditionelle Glaube aus. *God bless America!*

Sinnvoll und zerstörerisch zugleich

Jede gelebte Religion erklärt ihren Anhängern die Welt, sie stiftet Sinn und gibt Halt, sie lehrt, was zu tun und zu lassen sei. Verwoben ist dies in ihre Rituale, durch die sie lebendig bleibt, gepflegt von besonders dafür ausgebildeten Religionsdienern. So dient sie dem Einzelnen wie der Gemeinschaft, stiftet Identität. Auf diese Weise hält eine Religion auch Länder und Staaten zusammen. Das ist ihre erbauliche Seite. Sie treibt ihre schönsten Blüten in der liebenden Bhakti-Frömmigkeit und in formulierter Mystik, in Texten also, die von eigener unmittelbarer Gotteserfahrung des Autors zeugen.

Gleichzeitig kann eine Religion jedoch auch bedrängend und bedrückend, ja zerstörerisch sein. Das hängt oft schon daran, wie viele dämonische Züge die Götterbilder aufweisen (Azteken), wie bedrohlich sich eine Religion den Gläubigen gegenüber gibt, wie viele und welche Opfer zelebriert werden (Opfer sind ja stets nur Versuche von Gottesbesänftigung). Die dunkle Seite einer Religion wird aber auch sichtbar, wenn sich Religionsdiener zu viel Macht aneignen, wenn sie materielle Vorteile für sich selbst suchen, wenn sie die normalen Gläubigen stark kontrollieren wollen, sie so oft regelrecht gängeln und wenn die Anhänger einer Religion solchen Missbrauch nicht als diesen erkennen, sondern als gottgewollt akzeptieren.

Das Doppelbödige fast jeder Religion wird sofort sichtbar, wenn wichtige ihrer konstituierenden Elemente aus der Zeit fallen, wenn sie nicht mehr mit der Gegenwart des menschlichen Alltagslebens harmonieren. Es sind dann zumeist wieder die Religionsdiener, die es versäumen, ihre Religion auf der Höhe der Zeit zu halten. Ihnen gelingt es nicht, die Religion theologisch-intellektuell, emotional und kulturell fortzuentwickeln. Sie bleibt dann – oft Jahrhunderte – hinter der gelebten Gegenwart zurück. Die Sinnstiftung funktioniert nicht mehr. Denkverbote erweisen sich als unhaltbar. Die Rituale verselbstständigen sich und werden sinnlos, alte Tabus verlieren ihre Bannkraft, und die moralischen Werte passen mit der alltäglichen Lebenswelt der Menschen nicht mehr zusammen. Am Ende geht es nur noch um die Gilde der Religionsdiener selbst, um ihr Selbstverständnis, ihre Organisation, ihren Lebensunterhalt. Um das zu erhalten, setzen sie mehr und mehr Zwang gegen die Gläubigen ein. Dann kann Religion rasch dunkle und wahnhafte Züge annehmen.

Das verstärkt sich noch, wenn unterschiedliche Religionen sich geografisch nahekommen. Man weiß heute in der globalisierten Welt im Allgemeinen ganz gut über die anderen Religionen Bescheid. Jedenfalls ist es nicht schwer, sich gut zu informieren. Aber wenn man unmittelbar neben- und miteinander leben muss, kann es sehr schnell knirschen und krachen. Wenn dann noch missionarische Absichten, wirtschaftliche Ungerechtigkeiten und territoriale Ansprüche hinzukommen, fließt häufig Blut. Dann werden Religionen vollends zerstörerisch und reißen ganze Ethnien oder Länder in die Konflikte hinein. Oder sie lassen sich in Konflikte hineinzeihen, mit denen sie als Religion erst mal gar nichts zu tun haben. Auch das erleben wir heute in vielen Gegenden der Welt.

Exkurs: Islam

In weiten Teilen Europas ist die christliche Religion so dramatisch aus der Zeit gefallen, dass sie ein Gottesvakuum erzeugt hat und als Religion kaum noch beachtet wird. In dieses Vakuum versucht eine andere Religion vorzudringen, der orthodoxe Islam. Aber da diese Religion ebenfalls schon seit Jahrhunderten aus der Zeit gefallen ist, da sie intellektuell und kulturell seit Langem stillsteht und ihre Anhänger häufig nur noch durch Gewohnheit bei der Stange hält, stellen sich säkularisierte Europäer auf die Hinterbeine. Alles, was sie in den letzten zwei Jahrhunderten in bitterem Ringen den einst allmächtigen Kirchen an Freiheiten des Individuums abgetrotzt haben, wollen, so scheint es, fromme Anhänger Allahs wieder rückgängig machen: die Freiheit des Individuums; die Freiheit, Überliefertes infrage zu stellen; frei zu forschen; die Freiheit, ein anderes Leben als das vom Kollektiv vorgesehene zu führen; die Freiheit, eine eigenen Meinung zu haben und auszusprechen; die Freiheit der Frau, ihr Leben zu führen, wie sie es wünscht. All dies sind Freiheiten, die ihre Schranken nur in demokratisch beschlossenen Staatsverfassungen und bürgerlichen Gesetzen finden.

Ärgerlich sind besonders die Forderungen und Ansprüche der vielen Verbandsmuslime in Europa: eigene Beträume in Schulen; Schulsport getrennt nach Geschlechtern; eigene öffentliche Feiertage; eigene Regelungen für muslimische Frauen in der Öffentlichkeit und im Berufsleben; einen besonderen Kodex für öffentliche Berichterstattung über muslimische Belange und, und, und. Verbandsmuslime vertreten noch immer nur winzige Minderheiten unter ihren Glaubensgenossen, werden aber gegenüber den agnostischen Ex-Christen und ihren Rechtssystemen in europäischen Ländern geistig und weltanschaulich *übergriffig*. Sie verachten den kulturellen Zustand des gottlosen Europa und wollen dem Kontinent durch beharrliche Über-»Forderung« der nichtmuslimischen Mehrheit ihren mumifizierten Islam überstülpen. In der Folge wundern sie sich über eine antiislamische Stimmung und fühlen sich ihrerseits dauernd verletzt.

Dazu ein Zitat des in Deutschland als Psychoanalytiker lebenden Afghanen Josef Ludin, veröffentlicht 2011 in einem deutschen Online-Nachrichtendienst: »Der Islam ist nicht europäisch. Weil er das Kollektiv über das Individuum stellt, weil er das Individuum nicht gegen das Kollektiv zu verteidigen bereit ist, weil er die Rechte der Minderheiten missachtet und weil er allen Lippenbekenntnissen zum Trotz an der Höherwertigkeit des Mannes festhält. Die kulturell verinnerlichte Minderwertigkeit der Frau ist seit Jahrhunderten Realität im Islam« (Anmerkung des Autors: Sie ist es auch in Indien und andernorts in der Welt, und sie war es bis vor sechzig Jahren noch in Europa). Weiter Ludin: »Der Islam kann nicht europäisch sein, weil der Nichtmuslim (der Ungläubige) ein nur unvollkommener Mensch ist. Der Islam kann nicht zu Europa gehören, weil Kritik an ihm verboten ist, weil die Abkehr des Muslims von seiner Religion mit dem Tod bestraft wird, weil er zu keiner praktischen Toleranz fähig ist.« So weit dieses fast verbitterte Zitat eines vom Islam enttäuschten Mannes.

Man muss aber auch noch kurz auf folgenden Aspekt hinweisen: Der Islam ist seinem Wesen nach eine Politische Theologie, die keine Unterscheidung kennt zwischen privater Religionsüberzeugung und öffentlichen religiösen Belangen. Als solche Zivilisationsidee hat der Islam aber seit Langem nichts Authentisches mehr auf die Beine gestellt. Seine frische Offenheit für die Wissenschaften im 8. und 9. Jahrhundert und seine frühe mystische Ausgestaltung hat er selbst brutal abgewürgt. Die vielen gotttrunkenen Mystiker in früheren Jahrhunderten beriefen sich dabei alle auf den Koran und lebten mit ihm. Die deutsche Professorin Annemarie Schimmel hat ihnen in den 1970er-Jahren ein ergreifendes Denkmal gesetzt: »Die Mystische Dimension des Islam«.

Heute leben die Eliten in islamischen Ländern von den materiellen Errungenschaften des einstmals christlichen Abendlandes und Japans. In ihren Ländern produzieren sie häufig nichts als Erdöl, Erdgas, Tourismus-Dienstleistungen, dazu aber jede Menge arbeitsloser zorniger junger Männer. Staatlich sind islamische Länder zumeist instabil, menschenrechtsverachtend und diktatorisch. Daran hat bislang auch der »Arabische Frühling« nichts geändert. Und wie soll denn ein Staat (Ägypten) regiert werden, dessen 80 Millionen Bürgerinnen und Bürger vor allem auf dem Land außer Koranversen und Hass auf Israel nichts weiter über die Welt gelernt haben? Von ihren eigenen Leuten in der UNO müssen sich islamische Länder Jahr für Jahr bescheinigen lassen, die mit am wenigsten gebildeten Bevölkerungen der Erde zu haben (Arab Human Development Report).

Manche sagen, gegen diese eher unaufgeklärte Seite der Religion des Propheten etabliere sich an unseren Universitäten der viel liberalere Euro-Islam. Man kann nur hoffen, dass dem so ist. Aber solange die Grundfrage des Islams nicht gelöst ist, wird sich nicht viel Neues ereignen: Nach welchen Kriterien sind Verse des Korans heute noch gültig, während andere das nicht mehr sein können?

Dieses Problem ist den drei Buchreligionen der Erde gemeinsam, während die fernöstlichen Religionen von vornherein nicht jeweils nur auf ein einziges religiöses Buch oder einen einzigen Religionsstifter fixiert sind. Wie im Koran stehen auch im jüdischen Alten Testament oder im Neuen Testament der Christen Texte mit Vorschriften, mit denen wir heute nicht mehr leben könnten, wenn wir sie wörtlich nähmen.

Zum Beispiel findet sich im Koran viele Male der Satz, dem zufolge es die »Ungläubigen« zu töten gelte. Gemeint waren mit den »Ungläubigen« einst nur die Mekkaner und ihre beduinischen Freunde. Für sie bedeutete Mohammeds neuer Ein-Gott-Glaube eine Bedrohung ihrer Einnahmen aus dem bestehenden Pilgerkult um die Statuen der vier Götter und Göttinnen in der Kaaba, die es schon lange vor Mohammed gegeben hatte. Der Prophet musste in ihren Augen aus Mekka verschwinden. Erst in Medina konnte er also von seinen Offenbarungen reden und Allah verkünden. Die Mekkaner wollten sich auch nach mehreren blutigen Schlachten nicht überzeugen lassen. Also waren sie für Mohammed und die Seinen die »Ungläubigen«, von denen es hieß: »Erschlagt sie, wo immer ihr sie trefft.« So steht es im Koran. Und so gilt das heute für viele Islamisten mit Blick auf alle Menschen in allen Ländern, die nicht an Allah glauben. »Tötet sie!«, steht da.

Entstanden in ganz anderen historischen Zusammenhängen als den unseren, sind derartige Stellen in heiligen Büchern für uns Heutige lebensfeindlich und von tödlicher Bedrohung. Abgesehen davon, dass viele solcher Texte aus heiligen Schriften der drei Religionen mit europäisch-bürgerlichen Gesetzen gar nicht in Übereinstimmung zu bringen wären. Was ja jüngst an der Diskussion über die Beschneidung junger männlicher Juden und Muslime zu erahnen war. Was aber sind für Religionsanhänger und Gläubige die Unterscheidungskriterien, nach denen eine Vorschrift heute gilt oder nicht? Schließlich gelten die heiligen Bücher als Gottes Wort.

Die Antwort lautet in der Regel: Pragmatismus. Solche Texte sind aus einer ganz anderen Zeit, so denkt man. Gott hat sie für die damaligen Menschen gesprochen. Also müssen sie für uns Heutige nicht mehr gültig sein, wenn sie sichtlich lebensfeindlich geworden sind. So ist die große Mehrheit der Juden heute nicht orthodox (wie sie es zumeist in Deutschland ist), sondern progressiv. Sie nahmen und nehmen sich das Recht heraus, bestimmte Mitzwot (Gebote und Verbote des Alten Testaments) einfach zu streichen mit dem Hinweis, sie würden in der modernen Welt für sie keinen Sinn mehr ergeben, sie seien nur aus dem historischen Kontext ihrer Entstehung zu verstehen.

Auch Christen und Muslime haben mit solcher Einstellung kein Problem. Die Gelehrten ihrer jeweiligen Religion umso mehr, vor allem auch die Masse der organisierten Glaubensdiener (Rabbis, Priester, Imame). Gut: Jüdische und christliche Gelehrte können den Pragmatismus in der Schriftauslegung heute auch theologisch verständlich begründen. Oft ließen die Erkenntnisse der kritischen Bibelwissenschaft gar keine andere Wahl. Die muslimische Gelehrtenschaft indes, die *Ulema* fast aller islamischen Länder, verweigert sich bis heute jeder kritischen Hinterfragung des Korans. So ist es gekommen, dass der Islam aus der Zeit gefallen ist.

Wieso ist eigentlich die Gilde der deutschen Islamforscher derart konservativ, wenn es um die historisch-kritische Hinterfragung der Koranüberlieferung geht? Immer wieder reden die meisten einfach nur die offizielle Version der orthodox-gläubigen Islam-Gelehrten nach. Das fing schon bei Rudi Paret an, der in den 1950er-Jahren den Klassiker »Mohammed und der Koran« schrieb. Alle wissen: Über Mohammeds Leben können aus dem Koran nur ein paar indirekte Schlüsse gezogen werden, mager und unsicher bis dort hinaus, zumal der Name Mohammeds in den 114 Suren insgesamt nur viermal vorkommt.

Als entscheidende Quellen für die Biografie des Propheten kommen ein paar als früh angesetzte sogenannte Hadithe infrage sowie eine erste Lebensbeschreibung aus dem Jahre 760 (!).

Hadithe sind Aussprüche des Propheten, die nicht im Koran stehen, oder auch Bekundungen aus der persönlichen Umgebung Mohammeds. Sie bezeugen, dies oder jenes entscheidende Wort hätten sie Mohammed sagen hören. Die Anzahl solcher Hadithe ist hundert Jahre nach dem vorgeblichen Todesjahr des Propheten (632) ins Unermessliche gestiegen. Bald kursierten zwischen Mekka, Damaskus und Bagdad viele Zehntausende Hadithe. Und es mussten zentnerschwere Auswahlsammlungen erstellt werden. Obwohl es dabei strenge Kriterien zur Authentizität der namentlich vorangestellten Gewährsleute des jeweiligen Hadiths gab, muss man heute die ganze Literaturgattung als für die Lebensbeschreibung Mohammeds wertlos ansehen. Spekulationen waren Tür und Tor geöffnet.

Die wichtigste Quelle für die Propheten-Biografie ist ein Buch, das der Gelehrte Ibn Ishaq schrieb. Das geschah um das Jahr 760 herum am Hof und im Auftrag des Kalifen al-Mansur aus der Herrscher-Dynastie der Abbasiden in Bagdad. Ishaq, viel herumgekommen und hochgelehrt, hat sehr unterschiedliche Quellen verarbeitet. Schade nur: Sein Buch ist uns ausschließlich in einer überarbeiteten und stark verkürzten Version überliefert. Sie geht auf den zwei Generationen nach Ishaq wirkenden Gelehrten Ibn Hisham in Ägypten zurück.

Somit also: Alles, was wir wirklich über Mohammed zu wissen meinen, die ganze unhinterfragte Lehrbiografie der Sunna-Gelehrten, geht auf ein Buch aus dem Jahr 850 zurück. Über 200 Jahre nach dem vorgeblichen Todesjahr des Propheten. Eine historisch äußerst unsichere Quellenlage. Umso erstaunlicher die Chuzpe, mit der schon Rudi Paret festgestellt hatte: Wir haben daran nichts zu bezweifeln.

Ein Blick hinüber zu christlichen Theologen könnte solche Gelehrten doch schnell eines Besseren belehren. Zwischen dem Tod des Wanderpredigers Jesus aus Nazareth und seinen späteren Biografen, den Evangelisten, liegen vierzig (Markus) bis achtzig Jahre (Johannes). Und was müssen wir heute, nach über 200-jähriger Forschungsarbeit, feststellen? Wir wissen über Jesus so gut wie gar nichts. Ein paar Sprüche und Gleichnisse lassen sich als gesichert belegen, mit hoher Wahrscheinlichkeit auch die Herkunft aus Nazareth und der Tod am Kreuz in Jerusalem. Alles andere ist gläubige Interpretation der Evangelisten und ihrer Vorlagen. Glaubenslegenden! Dies trifft übrigens auch und noch viel stärker auf das Alte Testament zu, wo etwa der ganze »Auszug Israels aus Ägypten« keine historische Grundlage hat. Es hat ihn einfach nicht gegeben.

Für Mohammed-Forscher kann das alles nur bedeuten: Die Forschungslage heute ist auf demselben Level wie jene über den historischen Hintergrund der Legenden um Siegfried und Hagen von Tronje. Aber da die Sunna-Gelehrten es nicht zulassen, den Koran nach westlich-geisteswissenschaftlichen Kriterien zu hinterfragen, halten sich wohl auch deutsche Islam-Forscher an das, was alle sagen.

Wer immer den Koran geschrieben und zusammengestellt hat, er war sehr hellsichtig. Schrieb er doch hinein: Niemand darf diesen Koran anzweifeln – also hinterfragend erforschen. Denn Gott wird einen solchen Menschen in die Hölle werfen. So kann man auch Quellensicherung betreiben. Denn, so sagt der Koran: »Allah ist listig.«

»Salafisten hin oder her: Der Koran hat was zu bieten. Aber man muss ihn kritisch lesen.« Wer sich in diesen Tagen auf offener Straße einen Koran hat schenken lassen, der sollte darin auch einmal konzentriert lesen. Man wird dann wohl rasch feststellen, wie schwer es ist, dem Text zu folgen. Schwer wegen der vielen Wiederholungen, der oft gestanzten Formeln, der fernen arabischen Vergangenheit, der schrägen Wiedergabe biblischer Geschichten und der grässlichen Ausmalungen höllischer Szenen. Mein Tipp: Lesen Sie die »Eröffnende«, die Sure 1, und beginnen Sie danach zunächst von hinten, von Sure 114 ab, nach vorn zu lesen. Beginnen Sie also mit den kurzen Suren, von denen man sagt, sie seien Mohammed gleich zu Beginn seiner Wirkungszeit in Mekka eingegeben worden. So um das Jahr 610.

Wer mit der längsten Sure beginnt, der zweiten, »Die Kuh« genannt, bleibt garantiert rasch stecken und schlägt das Buch zu. Die über 280 Verse dieser Sure ergeben zwar schon ein umfassendes Gesamtbild des Ur-Islams, sind aber in ihren immer wieder abrupten Themenwechseln schwer nachzuvollziehen. Man liest eine Art ungeordneter Kurz-Dogmatik des Islams.

Wendet man sich den Beschenkenden zu, den Salafisten, die in diesen Tagen (2012) in den Fußgängerzonen unserer Großstädte kostenlos Koran-Übersetzungen verteilen, so ist für diese erzkonservative Minderheit unter den Muslimen schon mal dies typisch: Ihre deutsche Koranausgabe ist zusammen mit dem Urtext in arabischer Schrift gedruckt. Links Deutsch, rechts Arabisch. Hinter diesem Druckbild steht die konservativ-sunnitische Überzeugung, der Koran, schon ewig im Himmel vorhanden, sei dem Propheten vom Engel Gabriel nach und nach auf Arabisch diktiert worden. Er könne in andere Sprachen auch nicht halbwegs entsprechend übersetzt werden. Weshalb es denn an den Verteiler-Ständen auch heißt: »Der Koran kostenlos, in der deutschen ungefähren Bedeutung.«

Von dieser Auffassung rührt übrigens auch die uns Europäer immer wieder »sprachlos« machende Sitte, Schulkinder in nichtarabisch sprechenden muslimischen Ländern Koran-Suren phonetisch, also nur dem Klangbild nach, auswendig lernen zu lassen.

Es gehören hartnäckige Ausdauer und Wissbegierde, wenn nicht suchende Frömmigkeit oder Spiritualität dazu, den Koran wirklich durchzulesen. Das ergeht ja im Übrigen auch Lesern der Bibel nicht anders. Sich mit solchen »Heiligen Schriften« zu befassen ist heute, so scheint's, völlig aus der Mode gekommen. Dabei gibt es eine Menge ganz ordentlicher, für Laien verständlicher glaubens- und religionskritischer Kommentare zu beiden Büchern. In ihnen kann dann auch dies deutlich werden: Man muss sich im Koran wie in weiten Teilen der Bibel mit einem Gottesbild herumschlagen, das Psychologen wohl als »spätpubertär« bezeichnen würden. Allah stellt ganz autoritär immer wieder fest: Glaubt ihr an mich, dann kommt ihr ins Paradies, glaubt ihr nicht an mich, dann kommt ihr in die Hölle, wo ihr ewig im Feuer brennt und heißen Eiter trinken müsst. – Mein Gott, Walther!

Aber auch Gott Jahwe (oder El) im Alten Testament ist über weite Strecken ein ungnädiger und kriegerischer Diktator, der sich der grundbösen Menschen nur über vertragliche Regelungen (Testamente) versichern und erwehren kann. Und noch beim Evangelisten Matthäus, der ein halbes Jahrhundert nach der Hinrichtung des Jesus von Nazareth schrieb, heißt es: Jesu Bergpredigt ist besser als das Gesetz des Mose und der Pharisäer. Wer das nicht anerkennt, verfällt dem Gericht Gottes und wird ins ewige Feuer geworfen. Punkt. Von Jesu wirklicher Predigt hatte der Mann kaum etwas gewusst.

Gott sei Dank gibt es im Koran wie in der Bibel auch ein Gottesbild, mit dem aufgeklärte und doch spirituell sensible Zeitgenossen gut leben könnten. Zum Beispiel, wenn es im Koran heißt: Allah ist der eine und einzige Gott. Er ist jedem Menschen nahe, gleich neben seiner Halsschlagader. Er ist gnädig und barmherzig. Er liebt sie (die Menschen) und sie lieben ihn. Ähnlich dürfte – tatsächlich – der geschichtliche Jesus von Nazareth gesprochen haben, der sich selbst gewiss nicht als Gottes Sohn ausgegeben hat, wie heute fast alle Theologen wissen. Jesus hatte allerdings aus seiner Erfahrung der unmittelbaren Nähe Gottes dessen voraussetzungslose Bejahung und Liebe eines jeden Menschen herausgespürt und verkündet.

Solche verheißungsvollen Gottesbilder sind nun aber meilenweit von dem entfernt, was die jeweiligen Religionen dann aus ihnen gemacht haben. Und auswählende Unterscheidungen im Gottesbild erlauben Religionswächter nun mal nicht – die christlichen ebenso wenig wie die muslimischen. Aber die einzelnen kundigen Leser und Leserinnen müssen sich ja nichts vorschreiben lassen.

Vor allem dann nicht, wenn sie sich mit ein paar Kenntnissen über die Entstehungsgeschichte der jeweiligen Religionsdokumente und ihrer Stifter ausstatten. Dann kann man gut argumentieren. Nehmen wir die Person Mohammeds. Dem aufmerksamen Leser des Korans wird auffallen, dass über den Religionsstifter selbst fast nichts Biografisches berichtet wird. Ein paar Schlachten und Kriegszüge, das ist alles. Was wir heute über Mohammed wissen, beruht, wie bereits erwähnt, auf einem Buch, das gut 200 Jahre nach Mohammeds vorgeblichem Todesjahr (632) geschrieben wurde (das ›Sirat‹ – Prophetenbuch – des Ibn Hisham). Eine verdammt lange Zeit, wenn es um historische Verlässlichkeit geht. Nur eines steht fest: Allah selbst weiß gewiss, wie der Koran zustande gekommen ist.

Die Zukunft heißt Mystik

Die Gottheit hinter den Göttern

Wie kann man nur behaupten, guter Gott, du stündest als der eine und einzige Gott hinter der verwirrenden Vielfalt der heute lebendigen Religionen: in und hinter dem *Christen*-Gott, hinter Allah, Vishnu, Shiva, Brahma, Buddha, um nur die Hauptgötter zu nennen und ihren jeweiligen Familienanhang wegzulassen, den einzig der Islam ausschließt. All das seien nur verschiedene Namen für dich, den einen und einzigen Schöpfer und Durchdringer der Welt? Ihre Lehren und Riten, ihre Priester und das religiöse Alltagsleben ihrer Gläubigen sind schwerlich auf einen Nenner zu bringen. Und dennoch: Du stecktest in allem mittendrin?

Ja! Vier Gemeinsamkeiten lassen sich im Vergleich der heute angebeteten Götter der Erde erkennen:

Sie sind alle geografisch-historisch »gewachsen«. Sie haben durchweg liebliche und dämonische Züge zugleich, auch der Christen-Gott. Sie sind Zeigefinger-Götter mit priesterlichen Vor-»Mündern« oder Sprachrohren. Und sie können durchsichtig werden auf das Heilige Ganze hin, auf den einen und einzigen Gott, den nur guten Gott.

Am Anfang stehen immer einzelne Menschen, die eine bestimmte Erfahrung Gottes machen und denen es gelingt, anderen davon begeisternd und überzeugend zu erzählen. Es entsteht eine Religionsgemeinschaft. Die nimmt zu einer bestimmten Weltzeit und an einem bestimmten geografischen Ort Gestalt an. Beide Faktoren durchtränken die jeweilige Religion. Dass viele Gottheiten Indiens nur im Dschungel erwachsen konnten, ist jedem nachdenklichen Beobachter rasch klar. Man muss nur an Shivas Sohn Ganesha denken, den Gott mit dem Rüssel, oder an Hanuman, den Gott mit dem Affengesicht. Andere Götter wurden in der Wüste »erkannt«, was zumindest auf die Anfänge der so entstandenen Religionen einwirkte.

Dass allen Göttern sowohl liebliche als auch dämonische Züge gleichzeitig eignen und damit auch den jeweiligen Religionen selbst, wurde bereits ausgeführt. Deswegen kann auch der Christen-Gott nicht deckungsgleich sein mit dir, Gott, der du nur gut bist, ein Ja ohne Nein, unter keinen Umständen doppeldeutig (ambivalent).

Und schließlich: Mit den Göttern ist es wie mit meiner Katze. Wenn ich ihr etwas zeigen will, das fünf Meter neben ihr liegt, dann schaut sie auf meinen Finger und nicht auf das, wohin ich mit ihm weisen will. Alle Priester und Prediger weisen mit dem Finger auf Gott hin. Und die Leute schauen auf das Ende dieser Finger. Nicht dorthin, wohin sie weisen. Das ist der Zeigefinger-Charakter einer lebendigen Religion. Und das gibt den Priestern oft eine unglaubliche Machtposition. Sie haben keine andere Wahl, als den Gott, der sich ihnen selbst von ferne gezeigt hat, für die Leute in Rituale und mythische Geschichten einzukleiden und diese später in ein theologisches Lehrsystem umzusetzen. Es entstehen normierte Bilder, Symbole, Lehren. Und die werden priesterlich machtvoll geschützt. Diesen Zeigefinger-Gott, getragen von einer ihre Autorität moralisch und intellektuell verspielenden Priesterschaft, hat man in Europa weithin durchschaut und vergessen. Der Christen-Gott hat so gut wie ausgedient. Deshalb sind wir aber auch in einer völlig diesseitigen Welt gelandet, die in Instanzen des Jenseits kein Vertrauen mehr setzt – einem Europa, das die Dimension der Tiefe zu verlieren droht und sich in einer eindimensionalen, flächigen (oberflächigen) Welt einrichtet. Wenn am Ende »das Mysterium des Seins« Menschen nicht mehr ergreift, dann tun sie sich schwer mit dem »Heiligen« selbst.

Denn das ist der vierte Zug, der allen auf der Erde angebeteten Göttern gemeinsam ist: Sie können für Einzelne ihrer Gläubigen durchsichtig werden auf den Grund des Seins hin, auf das Heilige selbst, auf die gute Gottheit im Hintergrund, die immer schon da ist, in jedem Augenblick. Diese Gottheit kann dabei sowohl als persönlich ansprechbares Gegenüber erfahren werden als auch als die unpersönliche heilige All-Einheit (indisch Advaita, Nichtzweiheit). Auf jeden Fall gilt: Wenn Menschen, welcher Religion auch immer, erfahren dürfen, dass ihr Bild von Gott durchsichtig wird, beginnt für sie der Weg der Mystik.

Der Weg der Mystik – Fallbeispiele

Mystische Menschen müssen nicht mehr an den Gott der geschichtlichen Überlieferung glauben. Sie erfahren Gott im Hier und Jetzt als unmittelbar gegenwärtig. Er ist da, Geborgenheit schenkend und das Gemüt in Wonne durchkitzelnd, wie Meister Eckhart es ausdrückt. Sicher: In dieser Erfahrung Gottes gibt es Abstufungen, individuell nach Intensität, Dauer und auch Gehalt. Es ist wie bei manchen esoterischen Erfahrungen oder auch bei den Nahtoderlebnissen: Die einen können sich dafür öffnen, können sie sozusagen nacherfahren in der eigenen Seele, andere hingegen stehen davor wie der sprichwörtliche Ochs vorm Berg.

Es gibt spirituelle Menschen, die eine mystische Intuition haben, ohne je selbst eine Ekstase oder ein Erleuchtungserlebnis erfahren zu haben. Sie können aber »nacherfahren«, wovon Mystiker sprechen. Und das kann sich entfalten, bis dann eigene mehr oder weniger intensive Erfahrungen der unmittelbaren Gegenwart Gottes hinzukommen. Meister Eckhart hat das einmal sehr schön verdeutlicht: »Darin liegt ein großes Übel, dass der Mensch sich Gott in die Ferne rückt; ob nämlich der Mensch in der Ferne oder in der Nähe wandelt, Gott geht nimmer in der Ferne, er bleibt ständig in der Nähe, und kann er nicht drinnen bleiben, so entfernt er sich doch nicht weiter als bis vor die Tür.«

Dennoch: Es sind immer nur sehr wenige – Dorothee Sölle nannte Sie Hochleistungsmystiker –, denen plötzlich alles und noch dazu im Überfluss geschenkt wird: In den Sammlungen von Peter Sloterdijk,

»Mystische Weltliteratur«, und Walter Nigg, »Heimliche Weisheit«, sind an die hundert solcher Fälle aus allen Religionen geschildert. Im Folgenden ein paar nur auf das Christentum bezogene Bekundungen:

Alpais von Cudot, französische Einsiedlerin um 1200, nimmt ihre Seele wahr, als diese nachts plötzlich aus ihrem Köper rutscht: »So ist, ganz ohne mein Wissen, meine Seele jählings aus meinem Leibe gegangen. Ich aber erfand es erst, als die Seele, des Fleisches entblößt, ihren Leib zu betrachten begann, der unbewegt auf dem Bett lag [...]. Denn die Seele ist einfach, unsichtbar und unkörperhaft, ist nicht in Teile geschieden. Denn in allen Teilen des Körpers ist sie zugleich, ist sie ganz gegenwärtig. Wie Gott überall ist, Gott in seiner ganzen Welt und in jeder seiner Kreaturen ganz, alles belebend, bewegend und regierend. Die Seele ist im Leib innen, wie sie (auch) außen ist und den Leib umgibt.«

Caspar Schwenckfeld, adeliger Zeitgenosse Martin Luthers, erlebte als Vierzigjähriger »die von heiligen Schauern durchbebte Heimsuchung Gottes in meiner Seele. Es ist eine unbeschreibliche Erfahrung, von Gott derartig im eigenen Herzen besucht zu werden, was einen Sturm des Zurückbebens und des Jubels zugleich auslösen kann. Es ist das Allerwichtigste, was ein Christ überhaupt erfahren kann«. Walter Nigg kommentiert Schwenckfelds Erfahrung mit den Worten: »Dabei ist bei den geheimnisvollen Besuchen Gottes in seinem Herzen gar nicht an einen visionären Vorgang zu denken. Diese Art mystisches Erleben ist nicht dem Empfang von Visionen gleichzusetzen.« (Ich selbst habe als Student schon im kirchengeschichtlichen Proseminar einen Vortrag über Schwenkfeld halten dürfen. Diese Erfahrung der regelmäßigen Heimsuchung Gottes in der Seele teile ich mit dem Edelmann aus Schlesien. So ist meine persönliche Mystik gestrickt.)

Jakob Böhme, so erzählt Walter Nigg, saß zu Beginn des Jahres 1600 in seiner Schusterstube in Görlitz, als sein Blick zufällig auf ein Zinngefäß fiel, auf dem sich der helle Sonnenschein spiegelte. Plötzlich fühlte sich Böhme entrückt, und es war ihm, als täte sich die Innenansicht der Dinge auf. Das Jähe und Unerwartete der Verzückung, die Böhme in den innersten Grund der geheimen Natur führte, ist visionären Ursprungs. Böhme musste die Stube sogleich verlassen, die Wände wurden ihm zu eng. Aber im Grünen draußen verlor sich die übernatürliche Schau nicht, sie steigerte sich noch und dauerte volle sieben Tage. Böhme war es, als sähe er jedem Baum und jedem Grashalm ins Herz, und es enthüllte sich ihm das Geheimnis der Dinge. Er selbst hat das wundersame Erlebnis mit den Worten geschildert: »In solchem Suchen und Begehren ist mir die Pforte eröffnet worden, dass ich in einer Viertelstunde mehr gesehen und gewusst habe, als wenn ich wäre viele Jahre auf hohen Schulen gewesen. Und plötzlich wusste ich nicht, wie mir geschah. Denn ich sah und erkannte das Wesen aller Wesen, den Grund und Ungrund: Item die Geburt der Heiligen Dreifaltigkeit, das Herkommen und den Urstand dieser Welt und aller Kreaturen.« – Der einfache Schustermeister hat nach diesem Erlebnis über ein Dutzend Bücher geschrieben, zumeist theosophischen Inhalts. Die Nachwelt nannte ihn bald den »Philosophus Teutonicus«.

Angelus Silesius, bürgerlich Johannes Scheffler, Mediziner und Theologe: Im Jahr 1625 widerfuhr Silesius ein ungewöhnliches Erlebnis: Es kam eine mystische Erleuchtung in Form des dichterischen Genius über ihn. Er setzte sich hin und schrieb ununterbrochen, was die Intuition ihm eingab. Vier Tage hielt dieser Zustand an, und während dieser Zeit verfasste er in einem Zug das ganze erste Buch des »Cherubinischen Wandersmanns«. Daraus im Folgenden ein paar intime mystische Verse:

»Wie allgemein ist Gott, er hat der Bauernmagd die Kunst, wie man ihn küsst sowohl als dir gesagt.« – »Ich weiß, dass ohne mich Gott nicht ein Nu kann leben; Werd ich zunicht, er muss von Not, den Geist aufgeben.« – »Gott sind die Werke gleich; der Heilige, wenn er trinkt, Gefällt ihm so wohl, als wenn er bet' und singt.« – »Ich bin Gottes ander Er, in mir find't er allein, Was ihm in Ewigkeit wird gleich und ähnlich sein.« – »Gott zürnet nie mit uns, wir dichten's ihm nur an; Unmöglich ist es ihm, dass er je zürnen kann.« – »Eh' als ich noch war, da war ich Gott in Gott; Drum kann ich's wieder sein, wenn ich nur mir bin tot.«

Johann Georg Gichtel, Jurist und Theologe um 1700, verärgert mit einem Buch »Zur Besserung des Christentums« leitende Kirchenleute, die es tatsächlich schaffen, ihn einsperren zu lassen. Im Kerker eingeschlossen, wollte Gichtel seine Angst mit einem Lied besänftigen. Da erlebte er plötzlich eine Verzückung. Sein Geist wurde entrückt, während sein Körper zu Boden sank und er das Bewusstsein verlor. Später sagte er: »Im Mittelpunkt meines Herzens flammte plötzlich ein helles weißes Licht auf.« In dieser kurzen visionären Erfahrung erwuchs Gichtel die unerschütterliche Gewissheit, dass Gott lebendig in ihm wohne. Seine ganze Seele war durchstrahlt, und er wunderte sich aufs Höchste, wie er später schrieb, als er den Gott, den er bis dahin im Himmel gesucht hatte, in seinem eigenen Herzen fand.

Michael Hahn, Bauer und Metzger um 1780, häufelte im Alter von zwanzig auf dem Acker die Gerste. Plötzlich durchzuckte ihn eine ekstatische Erleuchtung, die volle drei Stunden andauerte. Später schreibt er über sich (in der dritten Person): »In dieser Zeit hätte nicht viel gefehlt, und seine Seele wäre aus dem Leib gefahren; denn er habe geglaubt, die ganze Welt sei lauter Paradies und voll Heiligen Geistes.« Hahn geriet mehrmals in solchen Zustand unbegreiflicher Seligkeit. »Als die Erleuchtung einige Zeit hernach wieder kam, dauerte es bei sieben Wochen fast ununterbrochen; und so kam es hernach oft wieder. Hieraus ist nun klar, dass ich Gott gefunden hatte, und dass meine Fragen beantwortet wurden; denn ich sah in die innerste Geburt und allen Dingen ins Herz und mir war, als wäre auf einmal die Erde zum Himmel geworden und als ob ich die Allenthalbenheit Gottes schaute.«

Zum Schluss noch Bekundungen mystischer Erfahrung von zwei lebenden Zeitgenossen (2013).

Willigis Jäger, Benediktinerpater, Zen-Meister und Autor zahlreicher Bücher, schreibt über ein Erlebnis in jungen Jahren: »Als Kleriker hatte ich ein entscheidendes Erlebnis. Ich liebte die kleine sogenannte

›Abtskapelle‹ im Kloster. Man konnte dort in Ruhe verweilen. Sie war tagsüber so gut wie leer und hatte eine sammelnde Kraft. Einmal trat ich ein und wurde sofort in einen anderen Bewusstseinszustand gehoben. Die Beschreibung eines solchen Zustands ist immer schwierig. Erfüllend, beglückend, Präsenz einer anderen Wirklichkeit und doch auch wieder ganz normal. ES kniet, ES hebt den Kopf, ES breitet die Arme aus. Alles ist aufgehoben in dieser Einheit und Schlichtheit. Ich kann es auch ›Gott‹ nennen, aber es ist nicht der Gott irgendwo, es ist diese absolute, zeitlose und raumlose Präsenz, die aller Namen und Vorstellungen spottet. Wie lange dieser Zustand dauerte, weiß ich nicht. Doch plötzlich fiel mir ein, dass ich ja eigentlich auf dem Weg zum Fußballplatz war, und nur weil ich noch ein paar Minuten Zeit hatte, kurz die Kapelle aufgesucht hatte …« (Jäger 2003, S. 15).

Jörg Zink, Theologe, langjähriger Sprecher des »Worts zum Sonntag« und Autor vieler Bücher, schreibt: »Man hat uns gesagt, der Glaube entstehe auf dem Weg des Hörens, des Hörens auf die Bibel oder auf die Predigt. Was soll man aber damit anfangen, dass man plötzlich etwas nicht hört, sondern schaut? Ich selbst hatte als Kind und als junger Mensch immer wieder Visionen, in denen alles, was ich sah, durchsichtig wurde wie Glas, auch ganze Landschaften, vor denen ich stand. Es war alles von Licht durchdrungen und von einer großen Liebe, und mir war völlig klar, dass mir das von Gott gezeigt würde, mehr noch, dass dieses Licht in den Dingen, in den Steinen, in den Bäumen und überall im Land Gott sei. Ich habe dann als Theologe, der gelernt hat, das habe mit dem christlichen Glauben nichts zu tun, nie davon geredet. Ich fange jetzt erst auf meine alten Tage damit an.« (Zink/Krauss 1995, S. 120).

Ergriffen sein

»In solchen mystischen Erlebnissen dringt eine tiefere Schicht der Wirklichkeit in das Bewusstsein ein. Eine Wirklichkeit, die immer da war, die man aber nicht gewahrte, deren man sich nicht bewusst war.

Eine Wirklichkeit, die im eigenen Ich und in der Wirklichkeit rundum gleichsam verborgen ist. Sie taucht aus der Tiefe des eigenen Ich empor. Sie durchbricht die Grenzen des wachen Bewusstseins. In diesem Sinn wird Mystik auch Bewusstseins-Erweiterung genannt« (Bruno Borchert).

Ähnliche Erfahrungen kennt man im Forschungsbereich der sogenannten Transpersonalen Psychologie, an deren Beginn der große C. G. Jung stand. Aber auch in den Nahtoderfahrungen wird die verborgene Wirklichkeit hinter der wachbewussten Wirklichkeit erkennbar. Natürlich flachen solche »Gipfelerlebnisse« im gelebten Alltag immer wieder ab. Was bleibt, ist die Erfahrung der währenden Gegenwart Gottes im Grunde der menschlichen Existenz. Solche Spiritualität braucht dann allerdings keine besonderen Stätten oder offiziell beauftragte Personen, die den Kontakt zum Göttlichen vermitteln. Mystiker brauchen keine Kirchen oder Tempel. Sie kennen keinen Unterschied zwischen profan und sakral. Die »Orte«, an denen sie die heiligen Dimensionen der Wirklichkeit erleben, sind in ihnen selbst, in ihrem Bewusstsein, in ihrem Körper und in der Natur um sie herum. Die Gewissheit der Allgegenwart Gottes geht bei ihnen auch mit einer Art theologischem Nichtwissen einher. Mystik hat keine Grammatik. Formulierte Lehren sind unwichtig. Mystik segelt auf der »Wolke des Nichtwissens« daher, wie der Titel eines mittelalterlichen Meditationsbuches aus England lautet.

In einer kämpferischen Ansage und in großen Worten hat sich der Holsteinische Pastor Walter Lehmann im Jahr 1923 zur Mystik bekannt. In einem Vorwort zu der von ihm herausgegebenen Ausgabe der Predigten des Eckhart-Schülers Johannes Tauler schrieb er unter dem Titel »Mittlerlose Religion«:

»Und doch ist gerade das, was man der Mystik zum Vorwurf macht, ihr größter Vorzug. Ihr wird mit Recht die geschichtliche Religion gegenübergestellt. Und damit ist gesagt, dass sie selbst geschichtslos ist, über die Geschichte erhaben, nicht gebunden an geschichtliche Geschehnisse, zeitlos. Und in der Tat: Die Mystik ist je tiefsinniger, desto offener im Prinzip, im letzten Interesse nicht nur erhaben über alle Dogmen, über alle Konfessionen, über alle kirchlichen Schranken, sie ist das Religiöse an sich, freie nackte, undogmatische, unkirchliche, konfessionslose, ethisch an sich indifferente, geschichtslose Religion, die es schlechthin nur zu tun hat mit dem Verhältnis der einzelnen Seele zum Ewig-Göttlichen.

Die Mystik ist der großartige Versuch, die Religion an sich zu finden. Und was ist die religiöse Sehnsucht unserer Tage? Die Religion zu finden, die keiner Konfession, keiner Dogmen, keiner heiligen Stätten, Priester und Handlungen, keiner Symbole, keiner Formen und Kulte, keiner Historie bedarf, sondern autonom in der Seele lebt. Jene, die da hineingebannt sind in die Massenreligionen der Bevormundung, sehnen sich nach der Religion ihrer eigenen Seele. Und die da sitzen in der halb erstorbenen Kirche, sie schauen aus nach der mittlerlosen Religion.«

Das ist großartig gesagt, vergisst aber zwei Faktoren, die zur Mystik dazugehören: Zum einen erwächst mystische Spiritualität fast nur innerhalb einer konkreten »Bevormundungs- und Zeigefinger-Religion«. Erst später kann sie sich mehr oder weniger intensiv von ihrer Religion entfernen und alles, was mit dieser zusammenhängt, hinter sich lassen. Gleichwohl bleiben nicht wenige mystische Menschen den heiligen Schriften ihrer Religion kritisch verbunden und argumentieren aus ihnen heraus. Zum anderen: Wahre Mystik ist stets sozial und menschenfreundlich, empfindsam und verantwortungsbewusst. So schreibt Meister Eckhart schon im 13. Jahrhundert: »Wäre der Mensch so in Verzückung, wie's Sankt Paulus war, und wüsste einen kranken Menschen, der eines Süppleins von ihm bedürfte, ich erachtete es für weit besser, du ließest aus Liebe von der Verzückung ab und dientest dem Bedürftigen in größerer Liebe.«

Somit: Einsiedler, Säulenheilige und mönchische Nabelschau-Betreiber haben mit wahrer Mystik ebenso wenig zu tun wie heilige Raserei mit Schaum vorm Mund. Mystik ist unmittelbare Erfahrung Gottes im Hier und Jetzt. Sie kann auf unterschiedlich intensiven Gottesbegegnungen beruhen. Aber man kann sie auch einüben und schulen, über Meditation, Körperbewusstsein und religiöses Nachdenken. Von den konkreten Religionen kann man dabei allerdings zurzeit nicht viel Hilfestellung erwarten – außer wohl im Vedanta-Hinduismus und im Buddhismus. Dennoch gilt: In unserer globalen und immer stärker durchrationalisierten Welt gibt es bald nur noch diese Alternative: Entweder werden sich die Religionen immer mehr in kleinen Gemeinschaften isolieren. Oder sie entdecken die Mystik hinter ihren jeweiligen zentralen Inhalten. Dann erkennen sie diese bald als natürliche Brücke zwischen den Religionen. Denn der Mystik geht es im Letzten nicht um Lehre und »die« Wahrheit, sondern um eine Beziehung zum Absoluten.

Und die braucht der Mensch. Er steckt ja immer schon mittendrin in ihr. Er weiß es oft nur nicht. Deshalb muss er versuchen, sich auf das Absolute einzulassen. Anders kann niemand ergriffen werden. Ergriffen vom immer schon gegenwärtigen guten Gott.

Anhang

22 biblische, häufiger zitierte Schlüsseltexte mit kurzem kritischem Kommentar (überwiegend nach der Einheitsübersetzung)

Altes Testament

Dieses Buch, auf dem die jüdische Religion beruht, wird heute in der Wissenschaftspublizistik gern »das Erste Testament« genannt. Spricht man hingegen vom »Alten Testament«, verschleiert dies ganz gewiss die historische Tatsache, dass die Christen das Buch dem Judentum enteignet haben. Sie haben die Schriften des Alten Testaments einfach als weithin negative, aber für den Glauben wichtige Vorstufe zum Neuen Testament betrachtet. Juden sahen auf diese Weise regelrecht alt aus mit ihrer Heiligen Schrift. Jüdische Gelehrte haben das allerdings für ihre Religion schon lange korrigiert, indem sie das Alte Testament – die Summe der Gesetzesbücher und der Propheten samt Weisheitsbüchern – den »Tanach« nannten, ein Akronym aus den hebräischen Bezeichnungen seiner drei Teile: Tora (Weisung); Neviim (Propheten); Ketuvim (Schriften).

Angesichts der vielen antijüdischen Polemiken im Neuen Testament der Christen fällt meines Erachtens die theologisch diskriminierende Enteignungsbezeichnung »Altes Testament« auch nicht mehr besonders ins Gewicht. Ich habe sie mein Theologenleben lang benutzt, und ich sehe, dass selbst moderne sogenannte Einleitungen in das Buch wie selbstverständlich den Begriff Altes Testament nutzen. Ich kann auch nicht anders. Maimonides möge mir verzeihen.

1. Die Erschaffung der Welt

Der erste von zwei biblischen Schöpfungsberichten entstand während des sogenannten Exils der jüdischen Oberschicht in Babylon um das Jahr 530 v. Chr. Der Text steht am Anfang der Genesis, wie das erste Buch Mose auch genannt wird: Kapitel l, Vers 1, bis Kapitel 2, Vers 4. Mit diesem Text beginnt die Bibel.

2. Der Sündenfall des Menschen

Eva und Adam essen die verbotene Frucht vom »Baum der Erkenntnis«. Luther: Es war ein Apfel-Baum. Der Text wurde um 900 v. Chr. geschrieben und danach mehrmals überarbeitet. Es ist das dritte Kapitel zu Beginn der Bibel, Genesis, Kapitel 3, Verse 1 bis 24. Der Apostel Paulus stellt sehr viel später, im Jahr 56 n. Chr., in seinem Brief an die Christen in Rom den Tod des Menschen als direkte Folge der Sünde Adams und Evas dar: Römerbrief, Kapitel 5, Vers 12.

3. Psalm 90

Die biblische Schriftgattung der Psalmen besteht aus Gebeten, Liedern und Verfluchungssprüchen, die in unterschiedlichen vorchristlichen Jahrhunderten entstanden sind. Sie wurden den israelischen Königen David und Salomon zugeschrieben, haben aber in den meisten Fällen nichts mit diesen Gestalten zu tun. In diesem Text, Psalm 90, Verse 1 bis 17, geht es um Gott und den Tod. Heute sind das altbekannte kirchliche Beerdigungsverse.

4. Psalm 42

Die zwölf Verse dieses Gebets bringen die Sehnsucht nach dem lebendigen Gott zum Ausdruck: »Meine Seele dürstet nach Gott«.

5. Buch Hiob, Die Schlussverse

In diesen sechs Versen zu Beginn des 42. Kapitels geht es um den Gegensatz des Glaubens »nur vom Hörensagen« und der spirituellen *Erfahrung* Gottes.

Neues Testament: Was Jesus selbst sagte

6. Das Reich Gottes steht vor der Tür

Diese Überzeugung ist das Zentrum der ureigenen Botschaft Jesu. Der Wanderprediger aus Nazareth war des Glaubens, noch zu seinen Lebzeiten werde der Gott Israels real erscheinen und als König der Welt die Dinge in Ordnung bringen. Jesus wollte den Leuten klarmachen, was es bedeutet, sozusagen auf der Schwelle dieses Ereignisses zu leben und sich dem kommenden Gott zuzuwenden. Das klingt zum Beispiel im 4. Kapitel des Matthäusevangelium, Vers 17, an.

7. Urteil von Augenzeugen über Jesus

Mehrere Stellen in den Evangelien bezeugen, dass Jesus von seinen Gegnern als »Fresser und Weinsäufer, Freund der römischen Zollpächter und der Sünder« beschimpft wurde. So zum Beispiel in Vers 19 des 11. Kapitels bei Matthäus. Was ist dran an diesem Vorwurf?

8. Das Doppelgebot der Liebe

»Du sollst Gott lieben und deinen Nächsten wie dich selbst.« Dieser berühmte Text steht bei Matthäus, Kapitel 22, Verse 37 bis 40. Er findet sich aber ebenso bei den Evangelisten Markus und Lukas. Für viele ist hier das Zentrum des christlichen Glaubens formuliert. Dabei zitiert Jesus aus dem Alten Testament. So heißt es im dritten Buch Mose (Levitikus) im 19. Kapitel, Vers 18: »Du sollst deinen Nächsten lieben wie dich selbst.« Und im fünften Buch Mose (Deuteronomium), Kapitel 6, Vers 5, steht: »Darum sollst du deinen Gott lieben mit ganzem Herzen, mit ganzer Seele und mit ganzer Kraft.« Levitikus ist übrigens das Buch des Mose, nach dem einem »die Leviten gelesen« werden.

9. Die Goldene Regel

»Was du nicht willst, dass man dir tu, das füg auch keinem anderen zu.« So hat Martin Luther diese uralte Weisheitsregel einmal kurzerhand gereimt. Das Original kannte auch Jesus. Jedenfalls nach dem Lukasevangelium, Kapitel 6, Vers 31.

10. Das Vaterunser

So betete Jesus selbst: Der Text steht bei Matthäus, Kapitel 6, Verse 5 bis 15. Bekannt ist vor allem die (abgerundete) liturgische Fassung dieses Gebets, die in den Gottesdiensten gesprochen wird.

11. Das Gleichnis vom verlorenen Sohn

Diese weltberühmte Geschichte kommt nur im Lukasevangelium vor. Kapitel 15, Verse 11 bis 32. Das Gleichnis will verdeutlichen: Die Liebe Gottes ist nach menschlichen Maßstäben von Sitte, Anstand und Rechtmäßigkeit nicht zu beurteilen. Sie ist, wenn man so will, oft sogar ungerecht.

12. Das Gleichnis vom verlorenen Schaf

Der Text findet sich im Lukasevangelium, Kapitel 15, Verse 1 bis 7. Der Sinn des Gleichnisses stellt das übliche Denken frommer Menschen auf den Kopf: Gott selbst sorgt dafür, dass die Sünder zu ihm in den Himmel kommen.

Texte über den geglaubten Christus

13. Zeugnis Johannes des Täufers

»Er ist der Sohn Gottes«: Vor allem im Johannesevangelium ist die Vergottung des Jesus von Nazareth zur höchsten Blüte gebracht. Nachzulesen im 1. Kapitel, Verse 29 bis 34. Jesus selbst, wenn er diesen bald achtzig Jahre nach seiner Hinrichtung entstandenen Text gelesen hätte, würde sich wohl an den Kopf gefasst haben. Dass es den »Täufer Johannes« als historische Person gab und dass Jesus anfangs ein Verehrer dieses radikalen Propheten vom Jordan war, ist im bibelkritischen Vergleich der entsprechenden Verse in den vier Evangelien nicht zu bestreiten. Zum Beispiel: Markusevangelium, Kapitel 1, Verse 2 bis 15.

14. Warum Christus in die Welt kam

»Wer nicht (an ihn) glaubt, ist schon gerichtet.« Es ist eine regelrechte Moralpredigt, die der Evangelist Johannes in seinem 3. Kapitel, Verse 18 bis 21, zum Besten gibt: Christus kam in die Welt, damit die Leute erkennen, was es heißt, Gutes zu tun. Heute würde wohl man sagen: ein verquaster Text.

15. Das Abendmahl

Esst meinen Leib, trinkt mein Blut: Symbolisch oder nicht symbolisch, die sogenannten Einsetzungsworte zum Abendmahl (Eucharistiefeier) klingen für heutige Ohren befremdlich. Der geschichtliche Jesus hat sie ohnehin nicht so gesagt, wie sie dastehen, zum Beispiel im Lukasevangelium, Kapitel 22, Verse 14 bis 20.

16. Fleisch-Essen und Blut-Trinken bei Johannes

Das ist ja nun Kannibalismus pur, was Johannes in seinem Evangelium dem Jesus von Nazareth in den Mund legt, Kapitel 6, Verse 52 bis 57.

17. Wie Paulus Christ wurde

Das berühmte Damaskus-Erlebnis: Nach seinem Studium bei Rabbi Gamaliel verfolgt der gelernte Pharisäer Saulus die ersten Christen auf Leben und Tod. In seinen Augen sind diese eine glaubensgefährdende jüdische Sekte. Womit der Mann nicht ganz unrecht hatte. Vor der Stadt Damaskus fällt der Christenverfolger vom Pferd und erlebt eine Vision Gottes. Seither nennt er sich Paulus und lässt keine Christen mehr auspeitschen. Vielmehr missioniert er die Leute nun im Namen des Gottessohnes Jesus Christus. Dazu schreibt er ständig Missionsbriefe. Spätere Christen meinten, das sei alles Gottes persönliches Wort. Sie sammelten die Briefe und machten daraus einen wichtigen Teil des Neuen Testaments, Apostelgeschichte, Kapitel 9, Verse 1 bis 21.

18. Der »Sünde-Tod-Brief« des Paulus an die Römer

Der Tod ist Folge der Sünde Adams und Evas: Römerbrief, Kapitel 5, Verse 12 bis 19. Diese Grundüberzeugung des Paulus ist durch die Evolutionsforschung längst ad absurdum geführt worden. Den Tod gab es schon lange auf der Welt, bevor überhaupt die ersten Menschen über den Planeten liefen. Für Martin Luther, der davon nichts wissen konnte, stand dieser Paulus-Text im Zentrum seiner Protest-Theologie gegen Rom.

19. Die Liebe Gottes – ein Hymnus

Dies ist wohl einer der berühmtesten Texte bei Paulus. Der Briefschreiber (Römer, Kapitel 8, Vers 38) zitiert dabei einen bei den ersten Christen in Antiochia bereits bekannten Hymnus.

20. Paulus: Sterben heißt verwandelt werden

Wie Jesus war auch Paulus der Überzeugung, noch zu seinen Lebzeiten werde Gott vom Himmel herabsteigen und einen neuen Äon herbeiführen. Dabei würden alle Toten auferweckt und zusammen mit den Lebenden jeweils in einen überirdischen Leib verwandelt werden. Und das geschehe »plötzlich und in einem Augenblick«: 1. Brief an die Gemeinde in Korinth, Kapitel 15, Verse 42 bis 50.

21. Der gefälschte Missionsbefehl

Da ist man mit seinem Latein schnell am Ende: Jesus sendet seine Jünger in alle Welt, dass sie die Menschen »im Namens des Vaters, des Sohnes und des Heiligen Geistes« taufen und zu Christen machen sollen: Matthäusevangelium, Kapitel 28, Verse 16 bis 20. Dieser sogenannte Missionsbefehl ist erst Jahrhunderte später an das Evangelium angefügt worden. Schummeln konnten die damals wie die Weltmeister!

22. Wie der Heilige Geist in die Welt kam

Betrunkene Jünger am helllichten Tag: Sehr plastisch steht das da, in der Apostelgeschichte, Kapitel 2, Verse 1 bis 13. Jesus ist nicht mehr da, ist »aufgefahren gen Himmel«, wie es im Glaubensbekenntnis heißt, und seine Jünger treffen sich zu einem Brunch. Plötzlich quasseln sie alle in verschiedenen Sprachen durcheinander. Leute, die an der nach vorne offenen Villa vorbeikommen, sagen: Die Jünger Jesu sind schon am Vormittag betrunken.

Literatur zur Vertiefung

Klaus Berger, Die Bibelfälscher, Patmos, 2013
Bhagavadgita, Indiens heilige Gesänge, Düsseldorf 1980
Joachim-Ernst Berend, Nada Brahma, Stuttgart 1983
Ernst Bloch, Atheismus im Christentum, Suhrkamp-Gesamtausgabe von 1962, Band 14
Bruno Borchert, Mystik, Freiburg 1997
Albert Camus, Der Mythos von Sisyphos, rororo-Taschenbuch, 1964
Eugen Drewermann, Wort des Heils, Serie Piper, 1994
Meister Eckhart, Deutsche Predigten und Traktate, München 1963
Israel Finkelstein, Neil A. Silberman, Keine Posaunen vor Jericho, München 2004
Jürgen Fliege, Sehnsucht nach Heimat, München 2006
Carsten Frerk, Violettbuch Kirchenfinanzen – Wie der Staat die Kirchen finanziert, Aschaffenburg 2010
Friedrich Wilhelm Graf, Kirchen Dämmerung, Verlag C. H. Beck, 2011
Stanislav Grof, Kosmos und Psyche, Frankfurt 1997
Reimer Gronemeyer, Wozu noch Kirche?, Berlin 1995
Hubertus Halbfas, Der Glaube, Ostfildern 2010
Hans-Joachim Höhn, Der fremde Gott, Echter Verlag, 2008
Wolfgang Huber, Der christliche Glaube, Gütersloh 2008
William James, Die Vielfalt religiöser Erfahrung, Olten 1979
Willigis Jäger, Aufbruch in ein neues Land – Erfahrungen eines spirituellen Lebens, Freiburg 2003
Willigis Jäger/Christoph Quarch, »... denn auch hier sind Götter«. Wellness, Fitness und Spiritualität, Freiburg 2004
Klaus-Peter Jörns, Notwendige Abschiede – Auf dem Weg zu einem glaubwürdigen Christentum, Gütersloh 2004
Herbert Koch, Die Kirchen und ihre Tabus – Die Verweigerung der Moderne, Düsseldorf 2006
Hans Küng, Spurensuche – Die Weltreligionen auf dem Weg, München 2001

Lao-tse, Tao-Te-King, Reclam 2005
Gerd Lüdemann, Jesus nach 2000 Jahren – Was er wirklich sagte und tat, Lüneburg 2000
Walter Nigg, Heimliche Weisheit, Zürich 1959
Rudolf Otto, West-östliche Mystik, Gütersloh 1979
Peter Rosien, Mein Gott, mein Glück – Ansichten eines frommen Ketzers, Oberursel 2007
Annemarie Schimmel, Mystische Dimension des Islam, Aalen 1979
Peter Sloterdijk (Hg.), Martin Buber, Mystische Weltliteratur, Kreuzlingen 2007
Fridolin Stier, Vielleicht ist irgendwo Tag, Freiburg 1981
Hans Torwesten, Ramakrishna – Ein Leben in Ekstase, Zürich 1997
Upanischaden, Die Geheimlehre der Inder, Düsseldorf 1981
Yoganda, Autobiographie eines Yogi, O. W. Barth Verlag, 1974
Jörg Zink im Gespräch mit Meinold Krauss, Binde deinen Karren an einen Stern, Stuttgart 1995

Danksagung

Es hat dem Buch gutgetan, dass andere das Manuskript gegengelesen haben. Überrascht war ich von einer Mail aus Hof, der Stadt, in der ich 25 Jahre in wechselnden Positionen bei der Tageszeitung »Frankenpost« gearbeitet habe. Claudia Schott, kirchliche Mitarbeiterin, schrieb mir ein paar Zeilen zu meinem Buch von 2007 und zur kirchlichen Situation heute in Hof. Zu meinem neuen Manuskript gab sie mir anschließend wertvolle Hinweise. Hilfreich waren auch die (sehr) kritischen Anfragen und Anregungen des Bremer Pastoren-Ehepaars Ulrike und Jens Florian. Sehr gründlich ist der professionelle Lektor und Mitherausgeber im Publik-Forum-Verlag, Dr. Norbert Copray, mit mir zusammen das Manuskript durchgegangen. Wir haben gemeinsam über hundert Änderungen vorgenommen. So wächst ein Buch langsam sogar über den Autor hinaus. Der Leser kann es nur danken.